THE EVERYTHING® 15-MINUTE SUDOKU BOOK

Dear Reader,
The puzzles here are designed to be on the easy side of the sudoku skill level range. If you learn the basic sudoku strategies illustrated in the beginning of this book you will not be stumped! The fifteen-minute challenge is perfect for beginners who are just learning sudoku. If you are a novice, you might need more than fifteen minutes to solve a puzzle. As you work through the puzzles in this book, your time will improve. And learning to solve sudoku faster is a lot of fun! Sudoku masters can enjoy seeing just how quickly they can solve these puzzles. If you are really an expert, then you better be able to solve them in well under fifteen minutes! Play a lightning round of sudoku and have fun flying through a puzzle. So the next time you have a few minutes (or as many as fifteen), grab this book and start timing. But beware: many hours have been known to disappear searching for sudoku answers!

Charles Timmerman

THE EVERYTHING® 15-MINUTE SUDOKU BOOK

Over **200** puzzles
with instructions for solving

Charles Timmerman
Author of *The Everything® Giant Sudoku Book*
and founder of Funster.com

Adams Media
Avon, Massachusetts

Dedication

For R. Thanks for being here every day.

• • •

Publishing Director: Gary M. Krebs
Associate Managing Editor: Laura M. Daly
Associate Copy Chief: Brett Palana-Shanahan
Acquisitions Editor: Kate Burgo
Development Editor: Jessica LaPointe
Associate Production Editor: Casey Ebert
Director of Manufacturing: Susan Beale
Associate Director of Production: Michelle Roy Kelly
Cover Design: Paul Beatrice, Erick DaCosta, Matt LeBlanc
Layout and Graphics: Colleen Cunningham, Holly Curtis, Sorae Lee

Published by Adams Media, an F+W Publications Company
57 Littlefield Street, Avon, MA 02322 U.S.A.
www.adamsmedia.com

ISBN: 1-59869-054-X

Printed in the United States of America.

J I H G F E D C B A

CONTENTS

ACKNOWLEDGMENTS

I would like to thank each of the half a million or so people who have visited my Web site, *www.funster.com,* to play word games and puzzles. You are the inspiration for this book.

A special thanks to my agent Jacky Sach for all of her hard work, including testing some of the sudoku puzzles.

I am grateful to the people at Adams Media who made it all possible. In particular, the puzzles look even better thanks to technical help from Matt LeBlanc. And it is always a pleasure to work with my editor Kate Burgo.

But most of all thanks to Suzanne and Calla for the endless support and nonstop fun!

Introduction

The History of Sudoku

Sudoku has a remarkably long history given that the craze burst onto the world stage in a matter of months. The tale begins in the United States where Howard Garnes, a freelance puzzle constructor, invented the puzzle that would eventually be known as sudoku. It was first called "Number Place" and published in May of 1979 by *Dell Pencil Puzzles and Word Games* magazine.

The next stop on the puzzle's journey was Japan, where the company Nikoli noticed "Number Place" in the American magazine. They published the puzzle using the name sudoku, which is an abbreviation of the Japanese phrase *suji wa dokushin ni kagiru* meaning "only single numbers allowed." Sudoku has been popular in puzzle-obsessed Japan since the mid-1980s.

In 1997 Wayne Gould, a retired Hong Kong judge originally from New Zealand, discovered sudoku during a trip to Tokyo. Gould was so taken by the puzzle that he started creating his own sudoku puzzles. In the fall of 2004 Gould convinced *The Times* of London to print these puzzles. It was an immediate success, and nearly every other newspaper in London started running sudoku puzzles.

In 2005 the sudoku frenzy quickly spread to nearly all parts of the globe. By that summer, sudoku was a feature in many major U.S. papers. The puzzle was back where it started, and more popular than ever!

The Rules of Sudoku

Sudoku is played on a 9×9 grid. Heavier lines subdivide this grid into nine 3×3 boxes. The object is to fill in the grid so that every row, column, and 3x3 box contains the numbers one through nine with no repeats. The puzzle begins with some of the numbers already entered. There will always be just one solution for each puzzle.

How to Solve Sudoku Puzzles

This section explains some of the basic strategies that are used to solve sudoku puzzles. If you want to discover these strategies on your own, feel free to jump right to the puzzles. You can always return here if you need more guidance, or want to compare these strategies to the ones you discover.

Slice and Dice

This is a good strategy to use at the very start of solving a puzzle. Once you get the hang of this technique, it will make filling in numbers seem like grabbing low hanging fruit.

To begin, notice that in Figure 1-1 rows 2 and 3 already have 9s in them. This means that no more 9s can be placed anywhere in rows 2 and 3. Now notice that the upper-left 3×3 box does not have a 9 in it yet. Of course, there must be a 9 somewhere in this box. And the 9 must go in row 1 because rows 2 and 3 have been ruled out. The only possibility is the blank square at row 1, column 3 where we correctly enter a 9. Congratulations, you have just sliced a row and found your first number!

7	8		2				1	
5				9				7
3	1			7	4			9
			3	2			4	
8								1
	4			1	8			
9			1	4			6	3
4				8				2
	7				9		5	4

Figure 1-1: Slicing

1		3	4			7		
	8		3					1
			9	1			5	
2		4						5
			6		4			
9						4		8
	3			6	7			
4					9		7	
		6			5	8		2

Figure 1-2: Slicing and Dicing

In the next example in Figure 1-2, notice that columns 1 and 3 already have 4s in them. Now notice that the upper-left 3×3 box does not have a 4 in it yet. Using similar logic as in the previous example, we know that a 4 must go in this box in column 2. Uh-oh! There are two possible places in column 2: row 1 or row 3. This is where dicing comes into play. We see that row 1 already has a 4 in it, which leaves row 3 as the only possibility. A 4 is correctly placed in row 3, column 2 of the grid. You just sliced and diced a column! This basic strategy can be applied to all columns and rows within 3x3 boxes. With a little practice, you will easily notice where a puzzle can be sliced and diced.

Scanning Squares

Frequently there will be just one possible number for a square. For example in Figure 1-3, look at the square at row 1, column 1. If we run through all of the numbers 1 to 9 we can see that only a 6 is possible, so a 6 should be placed in row 1, column 1. All numbers except 6 are ruled out because they are already found in the same row, or column, or 3x3 box. When scanning, look for blank squares that have a lot of numbers in their

		4	9			2		8
	5	8		1			3	
7	3		5			4		
8								
5	2						8	7
								5
		2			3		7	1
	7			8		9	6	
1		5			9	8		

Figure 1-3: Scanning Squares

row, column, and 3x3 box. Or sometimes it is necessary to methodically scan all blank squares just to find one elusive entry.

Scanning Rows, Columns, and 3×3 Boxes

Let's start with rows. Of course, every row must have all of the numbers 1 through 9. So pick a row and ask: where in this row can a 1 go? (We are assuming a 1 is not already found in the row.) If there is only one possible square in the row, then we can enter a 1 into that square. If we find two or more squares for a 1, then we can skip it and move on. We continue by looking for a unique square in the row for a 2, for a 3, and so on up to 9. After awhile, you will be able to do this surprisingly fast.

Try this strategy with the first row in Figure 1-4. You should find that a 7 can be entered into column 2. This strategy can be applied to all rows, columns, and 3×3 boxes. You might start with just the areas of the grid that are nearly filled-in; or it might be necessary to go methodically through all rows, columns, and 3×3 boxes.

		3	4	5				9
		5	7			1		
	6		1					
4		2					9	
6	9						4	5
	5					7		2
					3		7	
		1			7	4		
7				4	5	3		

Figure 1-4: Scanning Rows

Tips

Following just a few simple guidelines will make your play more satisfying and will help you along if you get stuck, so remember these tips.

- No guessing! Every entry must be proven with logic—future entries depend on it!
- Be ready to use and reuse all strategies as the flow of the puzzle changes.

- Don't dwell on just one section of the board, especially if you get stumped.
- Be sure that every entry is valid. Mistakes are very hard to correct later.
- When the solving gets tough, try to analyze the board methodically across each and every row, column, and 3×3 box.
- Follow the numbers: entries will often unlock more entries in a pleasing cascade of answers.
- The best bets for analysis are the rows, columns, and 3×3 boxes that are nearly completed.
- Never give up! Put the board aside and you might surprised how easy it is to solve later with a fresh look.
- Teach yourself! One of the joys of sudoku is discovering new strategies and methods that work for you.

Can you beat the clock? Take the sudoku challenge and find out. If you are good enough, then you should be able to solve any puzzle in this book in 15 minutes or less. If you need more time, that just means that you need more practice—an excellent reason to do more puzzles!

PUZZLES

8				6		5		3
5		1	3					
		2		8			1	
6		3	8					
1		9	7		6	4		2
					1	6		7
	1			5		8		
					8	3		9
3		8		4				5

3			9		6			1
2								4
	6		4		2		9	
8	1	2				3	5	6
9	5	7				4	1	8
	8		3		7		6	
5								2
7			5		1			9

1	4		2	9			6	
6	9	8			3	4		
7		9					4	
4			5		8			7
	6					3		5
		5	6			7	8	3
	8			3	9		5	4

		8				3	5	
		4		6				9
	9		4				6	
		7		4			3	2
9		3		2		1		7
2	8			1		9		
	7				3		9	
3				7		2		
	6	2				5		

	4		8		9			
8	1	7						4
5	6				7	8		
9		1			6			
	8		7		3		2	
			2			6		1
		4	6				9	3
2						5	4	8
			9		4		7	

	7		5					1
			2			6		5
5		3	4	1		8		
		8			4			
6		4	9		5	7		3
			7			4		
		5		4	9	2		7
3		7			2			
4					7		5	

9	5		8			4		
4			5					
	7	2	9					
2		3	1			7		4
	1			4			3	
5		9			3	6		1
					8	2	1	
					2			7
		1			7		6	8

1	5		9		7		6	8
3								5
8		7				2		4
4			1		5			3
6			3		2			1
5		4				8		6
7								2
2	8		6		4		5	9

7		8	5	4				
		4	8					6
3		5	6		9			7
						3		2
			9		4			
5		7						
4			7		5	6		3
9					1	7		
				9	3	2		1

			6		5			
8		5	2		4	9		7
3		2	7		8	1		6
1		7				6		5
2		6				4		9
4		8	3		9	7		1
9		1	4		2	5		3
			8		1			

9	8					1	5	7
1	5				7	4		8
		7						
6	9			2				3
			6		9			
4				3			6	1
						3		
3		2	9				7	5
8	7	9					1	4

3	4		8				5	1
			3			2		
8				4				6
	3	5		7				4
			6		3			
6				5		7	3	
4				2				7
		9			6			
1	2				9		6	3

6	4	7	9				3	
		9						
3	2			1	6	4		
7						3		5
	5	3				6	1	
4		1						7
		5	2	6			4	3
						5		
	7				9	8	6	2

4				3	8	1		5
8		9	7		1			
3					6			
1	4				7			9
	7						3	
5			3				7	1
			4					6
			1		3	9		2
6		4	8	9				3

		4	2	9			6	
						2		
9		7	1					4
		3		2	4		1	5
4	7						2	3
6	1		5	3		4		
7					1	9		2
		9						
	4			8	9	5		

7	5		9		1		2	
9	8			5		4	1	
1				8				6
		7					4	5
5	1					2		
2				4				1
	4	9		1			8	2
	3		7		2		5	4

4	5	7	1	9				
1							6	
					2			5
5	7		4		9		2	
	2			1			4	
	9		2		3		8	1
2			3					
	3							8
				7	1	2	9	3

	9	6	2		7	5	4	
7		5				1		2
5	2		8		9		1	6
8	1		5		4		2	9
4		8				3		1
	5	2	3		8	9	6	

9	7		2		8		4	5
4			5		1			9
3		9	4		5	6		8
7		5	6		3	1		4
6			8		4			2
1	4		9		7		5	6

3			7	4		8		
								5
8		6		3	5	7	2	1
	5					9		4
6								2
9		4					7	
7	8	9	6	2		5		3
5								
		3		5	8			7

6	4	2			9	7	3	
	5			6			4	
9			5			6		2
8	6							
				9				
							5	8
1		5			4			3
	8			5			9	
	9	6	2			5	8	1

6		5	3		8	7		2
1		2				8		9
2	4		9		1		5	3
3	5		6		7		8	4
5		4				3		8
7		1	4		6	9		5

9		3				5	7	
							1	
2	6				7			9
	3		7	8				
8	7		1	5	6		2	3
				4	3		5	
5			6				3	1
	9							
	8	6				7		5

8		6	5		4	9		2
2	3						6	5
	9						4	
5		7	2		1	8		3
9		8	7		3	6		4
	7						8	
6	8						2	1
4		2	1		8	3		9

4			7		2			9
5		2				7		1
		7				4	2	
		9	4					5
6	7						1	4
3					1	8		
	1	5				9		
9		6				1		7
7			1		9			6

1	5	7						6
8								
		3	6	7				5
5			1	3		4		
7		1		4		8		9
		8		9	5			1
3				1	4	6		
								4
6						3	9	8

	7		8					
4	8	1	7		9			2
2			1		4		7	
8	9					6		
6								8
		3					2	4
	4		2		6			5
9			5		1	7	8	6
					7		4	

2	3		4	9		5	7	
							9	
					3		2	8
					4			1
	1	4	3	8	7	9	5	
3			1					
4	5		7					
	2							
	9	3		2	5		1	4

7	6		3					8
							5	
	8			1	7	3	9	
3			6		2			5
	9			8			7	
4			9		3			2
	4	1	8	2			3	
	7							
8					4		6	1

	2						9	
	6	1	3				2	4
5		7	4					3
		4						7
7	3			1			5	2
1						8		
2					1	3		9
3	1				7	2	4	
	7						6	

	4	8				5	9	
3								4
5			4		2			7
9		3	8		1	4		5
6		4	2		5	1		8
7			5		6			9
8								6
	5	6				8	2	

2	7	6		3		1	9	5
					2			
3		1	6					7
1		5	3					
	3						4	
					7	6		3
7					3	9		2
			2					
9	2	3		7		5	6	4

9		8	6	2		1		
		5			1		9	4
			3			5	2	
	5		7					
		3		6		4		
					3		1	
	2	7			8			
5	6		9			3		
		9		3	6	7		1

4	9			1			7	5
6			4					8
3	8	5					4	
7	5							
			6	4	5			
							2	6
	4					3	6	2
5					8			4
1	6			3			5	7

	7	5	3			4		2
6	3				5		8	1
4		2						
								4
9			8		7			3
1								
						2		7
7	9		2				4	8
2		4			6	5	1	

7	6	9		2	1	3		
5	1	2			6			
	4							
	3				4			2
			9		7			
4			6				3	
							5	
			1			7	2	4
		4	2	7		6	1	9

6	1			9			4	3
7	9							8
4						6	9	
1		4	8					
	8			3			7	
					4	8		1
	6	1						7
8							3	9
5	7			2			8	6

6		8					5	9
9		3					2	
	1	2	8		6			
				6	4			
	2	7	5		9	6	8	
			7	8				
			1		8	3	6	
	6					2		8
3	8					4		7

1		3	7		5	9		4
7	4						1	2
	6						8	
			5	6	2			
				3				
			4	1	9			
	7						2	
8	2						4	1
9		6	2		8	7		3

7			9		5			6
		6	8		4	9		
4	9						5	8
		3	4		8	6		
		5	1		9	2		
5	2						6	4
		1	5		2	8		
3			7		6			2

	5		1			4		
4	7		8				1	6
		6	4		3			
				5	1	6		2
			2		6			
6		7	3	8				
			5		2	9		
5	8				9		6	3
		3			8		5	

	1	3	7	6	2			
4		6	3	1				8
		2		8				
3						6		2
7		8						5
				7		2		
5				3	4	1		7
			5	9	6	8	4	

	3	5	6	7			1	8
	8	1		3	4			
			5					3
		7	4			1	8	
	9	4			3	7		
5					9			
			8	1		2	5	
1	6			4	5	8	9	

9			4		6			7
2	4						6	9
		7	9		2	4		
1			6		3			2
7			1		5			4
		9	5		1	8		
3	2						7	5
8			7		9			6

	9	1			3		4	
4			8		9			3
3		5		6			7	
	7							
1			7	8	6			5
							6	
	1			3		5		2
6			5		8			4
	5		9			3	8	

2	7	4		6			1	
3				1				
			2			8		7
5	3	7						8
9		2				7		4
6						1	9	3
4		9			8			
				7				2
	5			2		4	8	1

4	8			9				
3		9		5		7		
1			3					4
5		8	2			6	7	
2								3
	7	6			8	4		2
6					3			7
		3		7		2		9
				2			6	8

	4	5	6			9	8	
								3
9		7	8				1	4
6			3			1		
	1						3	
		3			4			8
7	9				8	3		1
3								
	6	4			1	8	7	

						3	9	7
7							6	
8				7	5		2	
5		3	8	2	6			4
				9				
9			5	3	4	7		6
	8		6	4				9
	5							2
4	9	1						

8		1	4		5	3		9
	3		7		2		8	
5								4
	5	7				8	4	
	4	3				1	6	
7								1
	9		5		4		3	
3		4	1		8	2		7

		4	3		8	7		
	3		9		4		8	
6								9
	7	6	5		1	2	4	
	1	9	8		2	5	7	
1								2
	9		7		3		6	
		8	2		6	9		

3	8	1	6		7	2		
9			8					
4					1			7
8		4						
		6	5	8	9	7		
						9		2
7			3					1
					8			3
		3	1		4	5	7	8

3	1	5	2	7		9		
2								
4	9	8					2	
8	5	9		6				
				8				
				3		6	5	8
	2					4	9	1
								5
		4		9	6	8	3	2

3			5		9			2
5	2						6	9
4			7		1			8
9		6	4		8	3		5
7		4	6		2	9		1
6			2		7			3
1	9						7	4
8			9		3			6

3	9				4	5	1	
6					8			
	5	7		3				
	6			2			3	7
	8			6			4	
5	1			4			8	
				8		7	9	
			5					8
	7	1	4				5	3

	2			4	6		8	3
	8			3				
			5				2	9
5	7						3	
3		8		5		9		6
	4						1	8
1	9				3			
				9			4	
7	5		4	1			9	

9	3	4		6		8		
7		1			2	9		
	8							1
3					1	5		
8				3				6
		5	6					3
4							7	
		3	7			4		8
		7		1		6	3	5

5		6	2		9			
3	8		4		1			
2	1			8				
4		8	7					9
			9		5			
1					8	2		5
				6			2	8
			5		2		9	6
			8		4	5		1

	6		2		8		5	
		8				9		
3		5	7		1	6		8
6	3		9		2		4	7
4	7		5		3		8	9
1		3	4		7	2		6
		6				7		
	9		3		6		1	

		7					8	
6				2		1		
			1	7		4	2	
7	5	4	3					2
8				1				7
2					7	5	3	8
	7	5		9	1			
		2		4				1
	1					7		

		2	8		9	1		
3			1		2			5
9		6				7		2
	2		3		5		9	
	8		4		6		3	
7		1				3		8
8			2		1			9
		5	7		8	4		

		3		6				4
9				7		2		
2	8	7			4	6		3
								2
	1		2	5	9		3	
5								
4		1	6			8	2	5
		8		4				1
3				2		7		

	8		9			7		6
7						2		
			4		8		5	9
	6		2	3	7	1		
				5				
		7	8	1	4		2	
2	1		7		5			
		3						2
4		6			2		7	

7		6					5	4
1			9					
2					4	6		
6	1		4		3	7		5
				6				
9		5	7		1		6	2
		2	6					3
					5			9
3	4					5		6

4	6	3			7			9
9	7			8				
	8		9		6	7	1	
					4		3	
1								8
	3		8					
	1	5	6		2		4	
				1			6	5
6			5			3	8	1

7		6	5		8	4		2
			9		2			
3	2						5	7
5	6	1				7	8	4
4	8	2				9	6	3
1	4						7	9
			3		9			
2		5	7		4	3		8

			3	2				
6	1	7	5			3		
					6	4		9
9	6				1	2		
1				4				5
		5	2				9	1
3		1	4					
		6			3	9	4	7
				6	5			

	3		2		6		8	
		6		3		1		
9	2		1		8		4	3
			8	5	9			
			3	1	2			
1	5		6		7		3	9
		7		2		8		
	8		9		3		7	

1	9				4	3		
	2	4						
6		5	8			1		
8	5			7		2		1
				8				
3		1		6			5	8
		3			5	7		9
						5	3	
		9	3				1	2

9	6	1				8	7	3
3			6		7			9
1		8	9		6	3		7
7		9	1		8	4		2
6			5		2			8
5	4	2				7	9	6

3	4		9	7				2
6		1			3			
9	2		6					3
			7	5				
	5		1		6		7	
				9	8			
4					2		3	1
			4			8		6
1				3	7		4	5

2		6	5	3	1	8		
5				8		2		3
							1	
1		4						
3			6	9	5			1
						3		6
	8							
6		3		1				8
		1	8	5	9	6		7

5	2		1		9	3		
		9	7	6				
7	6							
	7	1	4		6			2
				8				
6			3		7	5	4	
							8	5
				7	1	9		
		7	8		3		6	1

1	3		9		5	4	6	2
9					1			
		4	3					1
3		5		7		9		
		6		1		2		7
6					8	1		
			1					3
5	4	1	7		9		2	6

4	1		7					
							1	
5	6	9		3		4		
	9	6	1	7				4
		2		6		7		
7				8	3	6	2	
		4		9		1	6	3
	5							
					4		5	2

6	8	7	9	5				4
2	1			3			5	
		5					6	
	6					1		
5				8				9
		9					8	
	5					4		
	2			6			7	5
8				7	5	2	9	1

1	4		2		5			
6						4		8
	3	9		8				2
2				5	4			
	7			6			8	
			8	7				6
3				9		7	6	
8		5						9
			5		3		4	1

8	4		3		7			2
				6				
5	6	9		1	8			
	5					9		3
			5	2	1			
7		4					5	
			8	9		4	6	1
				7				
4			6		5		7	9

3	9			1		7		
2			3	4	5		6	
	1			2				
5	7		4					
		8				4		
					2		9	7
				7			4	
	4		2	5	8			1
		9		6			3	8

8	3				2			9
		9		8	4			
6	4		9	3			2	
	8		4			1		
				1				
		6			3		8	
	6			9	8		5	4
			3	5		2		
2			6				3	1

9	3		2	6	4		1	7
5								9
1		4	5		8	3		2
			1		2			
				4				
			3		7			
7		2	6		5	4		8
4								1
8	9		4	7	1		2	3

	2		8			9		1
		1		9				5
6		4	3		5	8		2
					4			
		7		5		1		
			6					
8		2	5		9	4		3
4				8		2		
1		3			2		9	

	2						3	
						4		9
1	6	9		8	3	2		
	8			9		3		4
	4	3				6	7	
7		5		3			8	
		6	3	7		1	2	8
8		1						
	9						4	

4	7	3			9			
	1			4			9	
9				1	3	6		
7							3	
8			5	6	7			4
	4							8
		9	3	7				2
	6			9			7	
			4			8	1	9

	1	9	5		7	3	8	
	7						2	
3	6						5	1
		2	1		4	8		
		3	7		5	6		
6	2						9	8
	3						6	
	9	7	6		2	1	4	

2	4		1	8			9	5
5			2				4	
			5				2	8
			7			4		
	1			3			6	
		3			5			
6	7				9			
	5				1			9
3	9			7	8		5	6

							9	8
5				6		2	7	
	9			7		4		3
		1			7	5		
9			5	2	6			4
		8	3			7		
1		5		9			8	
	6	9		5				7
8	7							

		6				4		
2			5		9			3
	1	5	6		3	7	8	
8	9						7	6
1	7						4	9
	5	8	4		6	9	3	
4			3		5			7
		1				2		

8					6			
5		7	2					3
9	2			5			6	
4			5			3		6
		2		1		9		
6		9			3			2
	8			9			5	7
2					5	8		9
			8					4

	8	2	3			5	7	
1							2	
	6		4					
2				4	6			7
		5	2		1	8		
8			5	3				2
					4		3	
	1							5
	5	4			3	6	9	

6	3		7	1	4		9	8
4								6
			3		6			
9	5						6	2
			8	9	2			
7	2						8	4
			6		1			
5								1
2	1		5	4	8		7	9

7		5						3
	4				6		2	
			7			8	5	
1	5			8				6
		8	6	2	1	4		
4				7			9	8
	8	6			7			
	9		8				4	
3						6		9

6	1				8			2
			3		1	4		
3		4		7				8
4					5			
5	6			8			3	9
			9					4
1				5		9		7
		6	8		9			
9			2				4	1

	5		2	7		6	3	9
3		7						
		8			9	7		
			6				9	
6	1			9			8	3
	3				4			
		3	9			1		
						3		5
8	2	6		5	3		7	

8	9		6		2		1	3
3			1		8			5
	3	4	9		5	7	2	
	8	5	4		7	6	3	
9			5		6			7
1	2		3		4		9	6

8		3	2		5	9		4
	6		9		1		7	
	3	9	6		7	1	5	
	1	4	8		3	2	6	
	4		3		8		2	
1		6	5		2	7		3

5		9				1		4
	7		6		1		9	
1			9		4			7
7	9	5				6	4	2
8	1	6				7	5	3
3			4		6			9
	5		1		8		3	
6		7				4		1

		9	5				4	
1	2		3					9
4					9		3	
		1	9	7			6	
7			2		4			1
	4			1	6	7		
	9		7					6
6					8		2	5
	5				1	4		

2	5			7	1			6
7					6		8	
1	6		3				7	
4	1							
			9	6	4			
							4	3
	9				3		5	1
	3		6					7
6			7	1			3	9

9	1	7			3	5	2	
5				1		3		
					7		9	8
3						6		
1				5				9
		2						1
7	3		6					
		8		2				6
	6	1	7			8	5	3

2			8		3			4
7	4			1			8	6
8		1				2		9
			3	8	4			
			1	9	7			
5		6				7		1
3	9			6			4	8
4			5		9			3

	2	9	1	8			7	6
3			5					
	7	8						
			4				1	9
		4	6		9	3		
9	8				1			
						5	2	
					5			4
4	5			3	2	9	8	

4	6				2	3
8	2							4	

		4	6				2	3
8	2						4	
					2	8		5
2			4	3				1
		8		9		2		
3				2	1			9
4		3	2					
	6						9	8
1	7				8	4		

		3	7	4		5		6
	6	4						
7					1			
6	9			1	3			2
3								4
2			5	9			8	3
			1					7
						3	1	
1		9		7	4	6		

	9			7		4		3
1	7	8	2				6	
3				6				7
			9					
6	8		4		2		3	9
					3			
2				4				8
	5				1	6	9	4
7		4		9			1	

	8	7	1		4	3	6	
6		9				5		4
9		6	4		2	1		7
				1				
8		2	5		9	4		6
4		3				9		1
	6	1	3		7	8	4	

9		6	3		4	5		1
	8						2	
			5		6			
7	5	8				1	6	4
6	3	2				7	5	9
			7		8			
	4						1	
5		7	4		2	9		6

3	8		6	1				4
6	4						3	
	9				3			
4			5				1	8
	2			4			7	
8	6				7			3
			3				9	
	3						8	6
7				9	4		2	1

3	2	7			9	6		
9		6			5	3		
5						4		2
				8	7			4
			4		6			
1			3	9				
8		5						3
		3	7			2		9
		2	9			8	5	6

	4	1					8	
8	2				9	5	6	
5	9							
	8			7	6			
7			1	3	4			8
			9	2			4	
							1	5
	5	8	6				2	7
	7					8	3	

		3	7		5	4		
	5		2		4		9	
8	2						6	5
5	4	8				1	7	9
2	3	6				5	8	4
4	7						1	3
	9		4		2		5	
		5	1		6	9		

	8		5		6	1	4	
5							6	7
		6				2		
		5	6			7	3	
	6			4			2	
	4	1			3	5		
		9				6		
4	1							8
	3	8	1		9		7	

	5		2		8		3	
6			1		5			2
8								6
5		9	6		4	1		7
4		8	5		9	6		3
7								1
2			9		7			5
	6		3		2		7	

<table>
<tr><td></td><td></td><td></td><td></td><td></td><td>9</td><td>2</td><td></td><td></td></tr>
<tr><td>2</td><td>6</td><td>4</td><td></td><td></td><td>7</td><td></td><td></td><td>3</td></tr>
<tr><td></td><td></td><td></td><td></td><td>2</td><td>6</td><td>4</td><td>1</td><td></td></tr>
<tr><td></td><td>3</td><td></td><td>6</td><td></td><td>4</td><td></td><td></td><td>2</td></tr>
<tr><td>8</td><td></td><td></td><td></td><td></td><td></td><td></td><td></td><td>4</td></tr>
<tr><td>1</td><td></td><td></td><td>3</td><td></td><td>2</td><td></td><td>7</td><td></td></tr>
<tr><td></td><td>9</td><td>3</td><td>5</td><td>6</td><td></td><td></td><td></td><td></td></tr>
<tr><td>6</td><td></td><td></td><td>9</td><td></td><td></td><td>5</td><td>3</td><td>1</td></tr>
<tr><td></td><td></td><td>8</td><td>2</td><td></td><td></td><td></td><td></td><td></td></tr>
</table>

8	1				2			
3			7		6			
			5	3			4	
	8	7		5			6	
9	2		4		1		5	8
	6			7		1	2	
	5			8	4			
			1		7			5
			6				1	3

7		5	6		8	9		2
8			4		5			6
9	8		1		4		2	7
3	5		9		7		8	1
4			2		6			3
2		9	5		1	6		8

4	2		5		8	1		6
			9		4	2		
			3			4		
8	9	1						4
				5				
3						9	6	1
		3			5			
		8	2		7			
2		4	8		3		9	7

7			3	1		6		
		9	4	2	5			7
		1						3
5		4	1					
	1			8			6	
					4	5		1
8						2		
3			7	4	2	8		
		2		5	3			6

4	1		9		6		2	5
3			2		1			9
		9				3		
	3	8	6		5	4	7	
	7	2	8		4	6	3	
		4				9		
8			5		9			7
1	9		3		7		8	4

2	5	9	7			4		
			6			9	5	
1	3		9					
7							2	6
			2	5	8			
9	1							8
					4		1	9
	4	7			9			
		1			6	2	3	4

		1	7			3		2
		8		3	6	1		
7	3		5	2				6
								7
4				6				3
8								
3				8	7		5	9
		7	4	5		6		
5		2			3	7		

1	7						6	4
		5				9		
9			2		5			8
6	8		7		3		4	1
3	4		9		2		8	5
4			5		6			2
		8				4		
5	1						9	7

	3	2	4			1		
4				7				8
6	7			9	5			
			8	1	7			
		7				9		
			6	3	9			
			9	5			8	4
9				4				1
		4			3	7	6	

	9	6	1	7	3		8	
	5	7			6	3		
2			9			6		
7			3			4		
		4			2			9
		2			7			3
		5	4			8	2	
	1		6	2	9	7	4	

9	7	5			6			
2			9					
		3			2			
4	9		3			7	6	
	3	6		7		1	9	
	5	1			9		8	2
			6			4		
					4			7
			8			5	2	9

7			2		3			6
5			6		1			4
3	6						7	8
	7		5		2		4	
	4		9		8		1	
9	3						6	5
6			8		5			3
4			7		6			1

	2	7	8	9			4	
5						2	7	
1				7				8
8				2			6	4
			6		8			
2	3			4				5
9				6				2
	8	3						9
	1			8	9	6	5	

4	9			1	6	7		
	7			8				
			7			1	4	
6	4			3				5
7	1						9	6
5				7			3	1
	5	4			9			
				4			8	
		7	8	5			6	4

7			4		3			1
5		9	2		7	4		6
		4				9		
6			7		5			3
2			6		4			8
		6				1		
4		3	1		8	7		9
1			5		9			4

1				4	9			2
4			2					
		2	5			6		
8			4	7	3	1		
5				6				7
		9	8	1	5			3
		7			8	3		
					4			9
9			6	5				1

		3	4		1	6		
	2						1	
5			3		9			8
6	4		2		7		3	9
2	3		8		6		4	1
1			9		3			5
	6						7	
		8	7		2	1		

9	2			7	8			5
	1		9			8	4	
8			1					
1			6		5		2	
				8				
	5		2		9			1
					7			6
	7	5			2		8	
4			5	6			7	2

6				2		5		8
		9			5		7	
		4		8				2
7			9			4		
	4		2	5	6		9	
		1			8			3
8				6		1		
	7		8			6		
4		6		9				7

1		2	4		6	5	3	7
6								2
				2		9	6	
7						2		
	3		7		4		5	
		6						1
	2	1		8				
5								9
9	6	3	2		7	1		5

3	4				9		6	5
6			4			3		
				6			9	1
						9		3
7			3	9	6			4
4		3						
8	2			1				
		4			8			6
5	7		6				4	9

4			5		7			8
	9		6		3		1	
	8		2		4		7	
2		8				6		9
9		3				7		1
	3		9		6		2	
	4		1		8		9	
5			4		2			7

8		7		3				
		2	1	4				9
4	1		2					
5					3	9		1
	2			8			6	
9		8	6					4
					7		4	3
1				5	2	6		
				6		2		8

	5		3		7		6	
2								7
9		6	4		1	5		8
8			1		5			6
3			8		6			9
5		4	9		2	8		1
1								3
	2		5		8		9	

1	4	7		6				
	8		9	7				6
6		5						7
5					7			
4			2	1	5			8
			6					5
3						1		4
7				4	9		5	
				5		9	7	3

5		7	9		1	3		8
9	8						2	5
			5		4			
8	5		1		6		3	2
4	3		8		7		5	1
			4		2			
2	6						4	7
1		4	6		9	2		3

3		6				9		
7	9	5			6			
	2		3	8				
2						7	9	4
9				7				2
4	5	7						3
				5	1		2	
			2			1	6	5
		2				4		9

3	6			2			8	4
	4	5						
7		1	8					
1			7	5			6	
	7			9			3	
	5			1	6			7
					2	8		6
						3	7	
2	8			7			4	9

5					9		3	
6							4	5
3		9	1		5	7		8
				1				4
4	2						8	1
8				5				
9		4	6		1	8		3
1	6							9
	8		9					6

7	2				8			
	3	6			4		9	
	4		3	7			8	2
					1			6
	5		4		7		3	
4			8					
6	9			8	3		2	
	7		1			9	6	
			7				4	8

			8		5			
3								6
2		8	3		9	7		1
7	6		9		8		4	5
5	8		4		6		1	3
4		9	7		1	5		2
1								8
			2		3			

2		5	9		1	6		4
	6		2		5		7	
	1						5	
	5	4	8		6	3	9	
	2	6	7		4	8	1	
	9						6	
	4		1		9		3	
5		2	6		8	1		9

4			9	6			7	
			8			9	5	1
				1		6		2
					5	8		
	9	2		4		7	1	
		7	1					
6		9		8				
7	4	8			6			
	5			7	9			6

	6	3	9	8	5			
1	7		4			3		
8			7					
7		9		2				
5	2						3	9
				9		5		7
					7			6
		7			6		1	3
			1	3	9	8	7	

9	6	2	4		3			5
					6	4		
3	1							
					5	3	2	6
6				2				1
4	2	9	3					
							8	7
		8	5					
2			6		8	5	3	4

5				3		8	9	1
		4					5	
6	9	1						
2			3		4		6	
1				7				8
	4		5		8			2
						6	4	3
	1					2		
4	5	3		8				9

9		6		7	8		1	
8		1	3	5		6		2
5					6			4
	6	4		3		9	8	
7			1					3
6		5		1	7	2		8
	3		5	8		1		6

5	3				2	6	8	1
		1			7			
						5		7
9			1	6	5	7		
7								9
		2	7	8	9			3
8		9						
			4			3		
3	6	4	2				9	5

1	7	6	8				3	
	3			7				
2	9		1					
	4		6			9	2	5
9								6
5	6	2			8		4	
					4		1	7
				6			5	
	2				1	6	8	3

4		3	1		5	6		
	6	7	3	8				1
5		2			4			
	7							6
			8	4	7			
3							7	
			6			3		9
1				7	9	4	6	
		9	4		1	7		5

8	1			5	3			7
	3	5						
6	9		4			5	8	
			7					
3	7			8			1	5
					5			
	4	7			8		9	1
						7	2	
9			2	4			5	8

		5	8		2	3		
8		9		6				5
						8		4
2			5					9
5			9	3	4			1
9					6			3
7		2						
4				1		9		2
		8	4		9	6		

5	1	9				3	8	7
6								9
			5		3			
7	4		6		9		2	5
2	5		7		8		9	6
			3		4			
3								2
9	2	8				5	3	4

8		9		7				6
7	3	5					9	1
4	2							
				3	7			
9	5			2			7	8
			9	8				
							8	9
1	9					3	6	7
3				9		1		5

5	9		7		6		2	8
1			3		8			4
		8				1		
8			9		5			2
2			8		7			1
		3				9		
7			5		9			3
9	2		4		1		8	7

	6			8		9		
5	3			4				6
						7	5	
	9		6					3
8	5		7	1	4		6	9
1					3		7	
	1	4						
6				5			4	7
		5		3			9	

			5		4			
6		9				1		4
	7		1		3		6	
7	1		3		2		4	6
5	2		9		1		8	3
	5		6		9		2	
3		1				8		7
			7		8			

4	3	2				1	6	5
6	5						9	2
		1	6		2	4		
5			8		3			6
2			1		4			9
		8	3		9	6		
3	4						2	1
7	6	9				3	8	4

4		1		2		7	9	
	7			1		4		
	9							
8			1	7			2	
7			9	6	5			3
	4			3	2			7
							3	
		4		5			7	
	2	3		8		5		9

6								8
7	9						4	5
	1		4		7		2	
4		3	8		2	7		1
1		9	3		6	4		2
	3		1		8		6	
8	2						5	3
9								4

3	1		4		9	8		
	4							5
7	8		5					2
				5			1	6
			6		3			
9	6			1				
5					4		2	3
6							8	
		2	3		6		7	1

6		3	9		2	4		7
			4		7			
4		5				9		2
1	6	7				8	5	3
9	2	8				6	4	1
8		6				1		4
			6		9			
7		9	8		1	2		5

		3	4	8		7	1	6
		6						
1	8	4		7		9		
	1				7			
4			6		1			8
			9				7	
		7		6		1	2	4
						3		
2	3	1		9	4	5		

4		1		8		6		
5			9	2				8
	8	2		3		1		
3	6					7		
2								4
		5					1	6
		9		6		3	4	
8				1	7			9
		3		9		5		1

5	7	9				2		
	1		5	2				7
		3	9	1				
9		6	2			7	1	
	8	7			3	5		9
				9	1	4		
3				6	2		9	
		2				3	7	6

	4						1	
6	2		1		5		7	9
		1	6		9	8		
1		3	7		6	5		4
4		6	9		8	2		1
		7	2		3	4		
9	6		5		1		2	3
	5						9	

	3		5		6		9	
	2		3		4		5	8
6			8	7				
						8		9
9				6				7
5		8						
				8	2			3
1	9		7		5		8	
	8		4		9		7	

			1	3	2			4
4			5				9	
6	2			4			3	
	4	6						2
5				2				7
7						4	6	
	3			1			4	6
	5				3			9
8			2	9	4			

5		1	2	3	7			
		8				1		
	2	6						5
		5		2			6	
1		7		5		2		4
	8			4		5		
6						7	1	
		9				6		
			1	6	5	9		3

	7	8			1	2	3	
	9	1						
				4				
8			7		5	6		
	1	5	4		3	9	7	
		9	1		8			5
				1				
						1	5	
	5	2	9			3	4	

3		5	9	1	2	6		
7			8			3		9
					7		1	
			6			8		
4	3		5		1		6	2
		8			3			
	7		3					
9		3			5			6
		4	1	7	9	2		3

	8	5	9		2	4	6	
7		2				8		1
	3						2	
8			1		4			2
3			5		7			9
	4						5	
6		3				7		8
	7	1	2		3	6	9	

			7		4		8	
				6				9
	1		5	9	8	3		4
1					7			3
	9			3			5	
5			6					7
3		1	4	7	9		2	
8				2				
	4		1		5			

7	1		4		9		5	6
4								2
	8		2		1		4	
		1	5		8	2		
		3	7		6	5		
	9		6		4		3	
1								5
6	5		1		2		8	9

8				5	3		4	6
6	3				7	8		
4						7		
7			4	8				5
				6				
5				9	2			1
		4						7
		2	6				9	8
3	7		1	2				4

	2		7		9	4		1
6	7						5	
5					1			
3			5				4	2
			2	6	7			
2	9				3			5
			9					8
	6						9	4
9		5	4		2		1	

1	5		2		6	3		
3							1	
6		8			3	9		
	1	2	7					
			5	4	8			
					1	6	5	
		1	6			7		8
	8							2
		6	8		2		3	9

1			8		6			4
	7		2		9		6	
8		3				5		2
5			3		1			6
9			4		5			7
6		1				7		8
	4		9		2		1	
2			1		7			9

9			5		6			1
		3				6		
	6		8		9		2	
1	8	4				9	3	6
3	7	5				2	1	4
	5		7		3		4	
		2				3		
7			4		1			5

	4	7	1		8	6		
6		5			4		7	
8			6					
4	8	1		2				
	2						9	
				4		8	1	2
					1			9
	7		9			4		1
		9	4		2	5	8	

6		3	2		1	4		5
		2	7		5	3		
5								1
2			5		6			7
7			1		3			4
4								3
		8	9		4	6		
3		9	6		2	7		8

			5		1	8		
7		8						
6				8			5	
	9	3	6	4			7	
8		7	3		2	5		4
	1			5	7	3	6	
	8			7				2
						9		5
		4	1		5			

	9	3	8		7	6	4	
	8						9	
6		4				2		8
5			3		9			7
8			5		1			4
3		5				7		6
	7						2	
	2	6	1		5	4	8	

1		8	6	7		5		
							8	
6			5	8	1			
9				5	8		6	2
2								4
5	3		9	6				1
			8	1	5			7
	5							
		1		9	4	2		5

	1						6	
7	6		1		8		3	2
2		8				7		5
8			6		9			7
3			7		1			9
5		2				6		4
6	7		8		4		5	3
	4						7	

		6	8		7	2		1
	2		9					
1				2				5
2		7		4				
4			7	6	2			8
				8		7		4
9				7				6
					6		8	
8		1	2		5	9		

	9	5	3	4	7			
7								
4		1		9				8
1	7		4	2				
5	6						8	4
				5	8		1	7
2				3		9		5
								2
			5	6	2	8	4	

7		4	2	6	5			
		8	3					
1	6							3
		2		3				5
5	1			8			2	9
6				5		1		
2							1	7
					4	9		
			1	7	3	4		2

5	3		8		2		6	9
6								7
		7	6		5	8		
		6	3		1	9		
		2	7		9	3		
		8	2		7	4		
2								1
4	9		5		3		8	2

						8	5	
	1			9				4
			1	2			7	6
8	5		9			1		3
		9		3		5		
1		3			2		6	9
7	4			8	9			
3				7			9	
	8	5						

9						5		
5		3		7	9		8	1
		8		2				9
1	5			6				
8		9				1		5
				5			6	7
3				1		8		
2	9		8	3		7		6
		5						3

		7	1	3	4		2	5
			7	2				
					6		4	
6	7	3		1				9
9								6
1				6		3	7	4
	6		8					
				4	5			
4	3		2	7	1	9		

				5	6	7		
1		6		7	2	8		
					8		1	6
2		3						1
5				1				2
7						5		8
3	1		7					
		8	5	4		1		7
		2	6	8				

1			5	4			6	
5		9					2	
		8						9
		7		9		2		8
8			2	6	1			4
9		2		7		6		
3						1		
	8					9		6
	9			1	6			3

		9	5		8	6		
	8		3		2		5	
	6	5				2	3	
9			1		7			5
3			4		6			1
	9	3				8	4	
	1		2		5		6	
		4	8		9	5		

8		4				6		3
	9						7	
6			7		4			5
7	6		2		1		3	9
3	2		6		8		4	7
1			9		3			4
	5						8	
4		2				7		1

	1		8		9		4	
	6	5				8	1	
2								9
5		2	9		6	3		1
1		8	5		2	4		7
3								8
	4	1				5	3	
	5		3		1		2	

			7		3			
		6				3		
7	2		1		6		8	4
2	9	4				7	6	3
6	8	7				1	5	9
5	3		2		9		4	7
		9				2		
			5		8			

3	9	4			5		1	2
1		5			7			
	7		9					
	1	2					7	3
		9				4		
7	8					9	2	
					8		4	
			7			3		8
9	4		3			1	6	7

1	2		8		6		5	9
9		7				8		6
8								1
		1	9		3	6		
		2	7		4	9		
6								2
2		8				4		3
4	9		2		8		6	5

5	1		9		8		4	2
8		6				7		5
	5	3	1		9	4	2	
	8	4	7		6	3	5	
7		8				1		9
2	6		4		7		3	8

		2	4	9	5		1	
8				6				2
2			1	5		6		3
6		3				2		8
4		8		2	6			9
1				4				6
	3		2	1	7	9		

3	7	1		6		5		2
6	4						3	7
9						1		
			2				4	
		7		4		9		
	1				6			
		4						9
2	8						1	3
1		9		2		4	5	8

	4	8				2	5	
			1		2			
7			8		3			4
8		2	5		7	3		9
4		6	2		1	8		5
2			6		8			7
			9		4			
	7	4				1	9	

1		6	5		7	4		9
8			2		9			7
			8		4			
5		1				9		2
7		4				1		3
			6		3			
6			7		5			8
4		3	1		8	2		6

3				6				
2		8			5	6		7
	5	4	8					
					3	2	7	
		3	1	7	2	8		
	4	2	9					
					4	7	6	
1		5	7			9		2
				2				8

	7				9			1
	2			4				8
6		1	7					4
3			1	9				5
	6		4		8		9	
1				5	6			2
4					5	2		6
2				1			3	
7			2				4	

	7	8		9		3	5	1
		5						
1	2							
2			9	1			3	
	5		6	2	8		7	
	6			7	5			4
							9	5
						6		
5	9	3		4		2	8	

		4	9		3	7		
7	2		8		5		6	9
			7		4			
	7	5				2	9	
	4	6				5	1	
			5		1			
4	8		3		7		5	1
		9	6		2	8		

	1	6	8		2		3	9
					1	2		4
	8					6		1
6			4		3			
				5				
			1		8			2
8		4					2	
2		5	9					
9	6		2		7	8	5	

		9	5	8		1		4
7	3		2	4				
4					1			9
						9		7
	8	7	1		2	3	4	
3		4						
1			8					3
				2	3		6	1
2		3		1	5	4		

	4	3	9		1	6		
	2			6	4		5	
6				8	7			
8						1		
		2		4		5		
		4						7
			1	5				9
	3		2	9			1	
		9	4		6	8	3	

	5	3				2	9	
6			1		9			5
9	4						3	1
	6		9		5		2	
	2		4		3		1	
2	9						5	8
7			2		8			6
	8	5				3	7	

	6		9			8		
				1	4		6	7
			6	7		9		4
8					9			5
			5	6	8			
1			4					3
3		1		4	6			
9	4		7	8				
		7			5		2	

	4	3		1	6		5	8
								7
						4		6
		1	4				8	
8		2	1	7	3	6		9
	9				2	1		
3		4						
9								
7	1		2	3		8	9	

	2		6			1	4	
					7		6	2
	4		2					9
		5	8	4				
	7	2		3		4	1	
				7	6	5		
5					4		7	
7	1		5					
	8	3			1		5	

9	2			1	4			3
	8					2		1
1		6						4
	4		2		9			
2				6				8
			1		3		4	
6						1		9
8		5					2	
4			9	7			5	6

	5	1		8	2	3		
	7							2
8		2		4		9		
3			5	9				1
		8				2		
7				3	8			9
		7		6		5		4
1							2	
		6	8	2		7	9	

6			2					1
2							5	
		4	3	7	5		8	6
		5	7	1				
8				9				7
				6	2	4		
4	8		6	3	7	5		
	9							3
5					1			8

8						4	7	
5			9	7	8	3		
	9							8
4	5	6			2			7
7			5			1	4	6
6							1	
		5	2	1	7			4
	4	8						2

	6	9	8				2	
			2	5			9	
2		3		9				
1						7		3
3	4						8	9
7		6						1
				4		8		2
	2			8	7			
	1				5	4	7	

6		8					1	9
	1	2		5		8		3
7				4	9	3	6	
			6		8			
	6	1	5	2				7
3		6		8		1	2	
1	4					7		8

				7		9		
7	2	3	5					
	4		3					5
4	9					5		2
6	1						9	8
3		8					6	4
2					3		4	
					6	3	5	9
		4		5				

	9		1					
	5		3	9				1
			4		8	5		2
9		2				8	4	
		1		2		9		
	8	5				2		3
8		6	7		1			
1				8	6		5	
					4		6	

7		1				9		5
			4		7			
2		3	5		9	6		1
3	5		9		4		2	6
6	9		8		1		3	4
8		4	6		5	7		9
			7		8			
5		9				3		8

	4	5						9
	3					5	1	
			5	7		8	4	3
	7			5	8			
5				6				7
			7	4			3	
4	1	2		3	7			
	9	6					7	
3						6	2	

ANSWERS

8	4	7	1	6	2	5	9	3
5	6	1	3	7	9	2	4	8
9	3	2	4	8	5	7	1	6
6	7	3	8	2	4	9	5	1
1	5	9	7	3	6	4	8	2
2	8	4	5	9	1	6	3	7
7	1	6	9	5	3	8	2	4
4	2	5	6	1	8	3	7	9
3	9	8	2	4	7	1	6	5

3	7	4	9	5	6	2	8	1
2	9	5	1	3	8	6	7	4
1	6	8	4	7	2	5	9	3
8	1	2	7	9	4	3	5	6
6	4	3	8	1	5	9	2	7
9	5	7	2	6	3	4	1	8
4	8	9	3	2	7	1	6	5
5	3	1	6	8	9	7	4	2
7	2	6	5	4	1	8	3	9

1	4	3	2	9	7	5	6	8
5	2	7	4	8	6	9	3	1
6	9	8	1	5	3	4	7	2
7	5	9	3	2	1	8	4	6
4	3	1	5	6	8	2	9	7
8	6	2	9	7	4	3	1	5
9	1	5	6	4	2	7	8	3
3	7	4	8	1	5	6	2	9
2	8	6	7	3	9	1	5	4

6	2	8	7	9	1	3	5	4
1	3	4	8	6	5	7	2	9
7	9	5	4	3	2	8	6	1
5	1	7	9	4	8	6	3	2
9	4	3	5	2	6	1	8	7
2	8	6	3	1	7	9	4	5
8	7	1	2	5	3	4	9	6
3	5	9	6	7	4	2	1	8
4	6	2	1	8	9	5	7	3

3	4	2	8	6	9	7	1	5
8	1	7	5	3	2	9	6	4
5	6	9	1	4	7	8	3	2
9	2	1	4	8	6	3	5	7
6	8	5	7	1	3	4	2	9
4	7	3	2	9	5	6	8	1
7	5	4	6	2	8	1	9	3
2	9	6	3	7	1	5	4	8
1	3	8	9	5	4	2	7	6

2	7	6	5	9	8	3	4	1
8	4	1	2	7	3	6	9	5
5	9	3	4	1	6	8	7	2
7	3	8	6	2	4	5	1	9
6	1	4	9	8	5	7	2	3
9	5	2	7	3	1	4	8	6
1	6	5	8	4	9	2	3	7
3	8	7	1	5	2	9	6	4
4	2	9	3	6	7	1	5	8

9	5	6	8	2	1	4	7	3
4	3	8	5	7	6	1	9	2
1	7	2	9	3	4	5	8	6
2	8	3	1	6	9	7	5	4
6	1	7	2	4	5	8	3	9
5	4	9	7	8	3	6	2	1
7	6	4	3	9	8	2	1	5
8	9	5	6	1	2	3	4	7
3	2	1	4	5	7	9	6	8

1	5	2	9	4	7	3	6	8
3	4	6	2	8	1	9	7	5
8	9	7	5	3	6	2	1	4
4	2	8	1	7	5	6	9	3
9	3	1	4	6	8	5	2	7
6	7	5	3	9	2	4	8	1
5	1	4	7	2	9	8	3	6
7	6	9	8	5	3	1	4	2
2	8	3	6	1	4	7	5	9

7	6	8	5	4	2	1	3	9
1	9	4	8	3	7	5	2	6
3	2	5	6	1	9	4	8	7
6	4	9	1	5	8	3	7	2
2	3	1	9	7	4	8	6	5
5	8	7	3	2	6	9	1	4
4	1	2	7	8	5	6	9	3
9	5	3	2	6	1	7	4	8
8	7	6	4	9	3	2	5	1

7	1	9	6	3	5	8	4	2
8	6	5	2	1	4	9	3	7
3	4	2	7	9	8	1	5	6
1	8	7	9	4	3	6	2	5
5	9	4	1	2	6	3	7	8
2	3	6	5	8	7	4	1	9
4	2	8	3	5	9	7	6	1
9	7	1	4	6	2	5	8	3
6	5	3	8	7	1	2	9	4

9	8	3	2	4	6	1	5	7
1	5	6	3	9	7	4	2	8
2	4	7	1	5	8	6	3	9
6	9	5	4	2	1	7	8	3
7	3	1	6	8	9	5	4	2
4	2	8	7	3	5	9	6	1
5	1	4	8	7	2	3	9	6
3	6	2	9	1	4	8	7	5
8	7	9	5	6	3	2	1	4

3	4	2	8	6	7	9	5	1
7	9	6	3	1	5	2	4	8
8	5	1	9	4	2	3	7	6
9	3	5	1	7	8	6	2	4
2	7	4	6	9	3	1	8	5
6	1	8	2	5	4	7	3	9
4	6	3	5	2	1	8	9	7
5	8	9	7	3	6	4	1	2
1	2	7	4	8	9	5	6	3

6	4	7	9	2	5	1	3	8
5	1	9	3	4	8	2	7	6
3	2	8	7	1	6	4	5	9
7	6	2	1	9	4	3	8	5
9	5	3	8	7	2	6	1	4
4	8	1	6	5	3	9	2	7
8	9	5	2	6	1	7	4	3
2	3	6	4	8	7	5	9	1
1	7	4	5	3	9	8	6	2

4	6	7	2	3	8	1	9	5
8	2	9	7	5	1	3	6	4
3	5	1	9	4	6	2	8	7
1	4	3	6	8	7	5	2	9
2	7	6	5	1	9	4	3	8
5	9	8	3	2	4	6	7	1
9	3	2	4	7	5	8	1	6
7	8	5	1	6	3	9	4	2
6	1	4	8	9	2	7	5	3

5	8	4	2	9	3	7	6	1
1	3	6	8	4	7	2	5	9
9	2	7	1	6	5	3	8	4
8	9	3	7	2	4	6	1	5
4	7	5	9	1	6	8	2	3
6	1	2	5	3	8	4	9	7
7	6	8	4	5	1	9	3	2
3	5	9	6	7	2	1	4	8
2	4	1	3	8	9	5	7	6

7	5	4	9	6	1	3	2	8
9	8	6	2	5	3	4	1	7
1	2	3	4	8	7	5	9	6
3	6	7	1	2	9	8	4	5
4	9	2	5	7	8	1	6	3
5	1	8	6	3	4	2	7	9
2	7	5	8	4	6	9	3	1
6	4	9	3	1	5	7	8	2
8	3	1	7	9	2	6	5	4

4	5	7	1	9	6	8	3	2
1	8	2	7	3	5	9	6	4
9	6	3	8	4	2	1	7	5
5	7	1	4	8	9	3	2	6
3	2	8	6	1	7	5	4	9
6	9	4	2	5	3	7	8	1
2	1	9	3	6	8	4	5	7
7	3	5	9	2	4	6	1	8
8	4	6	5	7	1	2	9	3

3	9	6	2	1	7	5	4	8
7	4	5	6	8	3	1	9	2
2	8	1	4	9	5	6	7	3
5	2	7	8	3	9	4	1	6
9	6	4	1	7	2	8	3	5
8	1	3	5	6	4	7	2	9
6	3	9	7	5	1	2	8	4
4	7	8	9	2	6	3	5	1
1	5	2	3	4	8	9	6	7

9	7	1	2	6	8	3	4	5
4	8	2	5	3	1	7	6	9
5	3	6	7	4	9	2	8	1
3	1	9	4	7	5	6	2	8
8	6	4	1	9	2	5	7	3
7	2	5	6	8	3	1	9	4
2	9	8	3	5	6	4	1	7
6	5	7	8	1	4	9	3	2
1	4	3	9	2	7	8	5	6

3	2	5	7	4	1	8	6	9
1	9	7	2	8	6	3	4	5
8	4	6	9	3	5	7	2	1
2	5	1	8	6	7	9	3	4
6	7	8	4	9	3	1	5	2
9	3	4	5	1	2	6	7	8
7	8	9	6	2	4	5	1	3
5	1	2	3	7	9	4	8	6
4	6	3	1	5	8	2	9	7

6	4	2	8	1	9	7	3	5
7	5	1	3	6	2	8	4	9
9	3	8	5	4	7	6	1	2
8	6	9	7	3	5	1	2	4
5	2	4	1	9	8	3	7	6
3	1	7	4	2	6	9	5	8
1	7	5	9	8	4	2	6	3
2	8	3	6	5	1	4	9	7
4	9	6	2	7	3	5	8	1

6	9	5	3	1	8	7	4	2
4	7	8	2	6	9	5	3	1
1	3	2	7	5	4	8	6	9
2	4	7	9	8	1	6	5	3
8	1	6	5	4	3	2	9	7
3	5	9	6	2	7	1	8	4
5	6	4	1	9	2	3	7	8
9	2	3	8	7	5	4	1	6
7	8	1	4	3	6	9	2	5

9	1	3	8	6	4	5	7	2
7	5	8	3	2	9	6	1	4
2	6	4	5	1	7	3	8	9
4	3	5	7	8	2	1	9	6
8	7	9	1	5	6	4	2	3
6	2	1	9	4	3	8	5	7
5	4	2	6	7	8	9	3	1
1	9	7	4	3	5	2	6	8
3	8	6	2	9	1	7	4	5

8	1	6	5	7	4	9	3	2
2	3	4	8	1	9	7	6	5
7	9	5	6	3	2	1	4	8
5	6	7	2	4	1	8	9	3
3	4	1	9	8	6	2	5	7
9	2	8	7	5	3	6	1	4
1	7	9	3	2	5	4	8	6
6	8	3	4	9	7	5	2	1
4	5	2	1	6	8	3	7	9

4	6	1	7	3	2	5	8	9
5	3	2	8	9	4	7	6	1
8	9	7	5	1	6	4	2	3
1	2	9	4	8	3	6	7	5
6	7	8	9	2	5	3	1	4
3	5	4	6	7	1	8	9	2
2	1	5	3	6	7	9	4	8
9	4	6	2	5	8	1	3	7
7	8	3	1	4	9	2	5	6

1	5	7	3	8	2	9	4	6
8	9	6	4	5	1	7	2	3
2	4	3	6	7	9	1	8	5
5	2	9	1	3	8	4	6	7
7	3	1	2	4	6	8	5	9
4	6	8	7	9	5	2	3	1
3	8	5	9	1	4	6	7	2
9	7	2	8	6	3	5	1	4
6	1	4	5	2	7	3	9	8

3	7	6	8	2	5	4	1	9
4	8	1	7	3	9	5	6	2
2	5	9	1	6	4	8	7	3
8	9	5	4	1	2	6	3	7
6	2	4	9	7	3	1	5	8
7	1	3	6	5	8	9	2	4
1	4	7	2	8	6	3	9	5
9	3	2	5	4	1	7	8	6
5	6	8	3	9	7	2	4	1

2	3	1	4	9	8	5	7	6
8	4	5	2	7	6	1	9	3
9	6	7	5	1	3	4	2	8
5	7	2	9	6	4	3	8	1
6	1	4	3	8	7	9	5	2
3	8	9	1	5	2	6	4	7
4	5	8	7	3	1	2	6	9
1	2	6	8	4	9	7	3	5
7	9	3	6	2	5	8	1	4

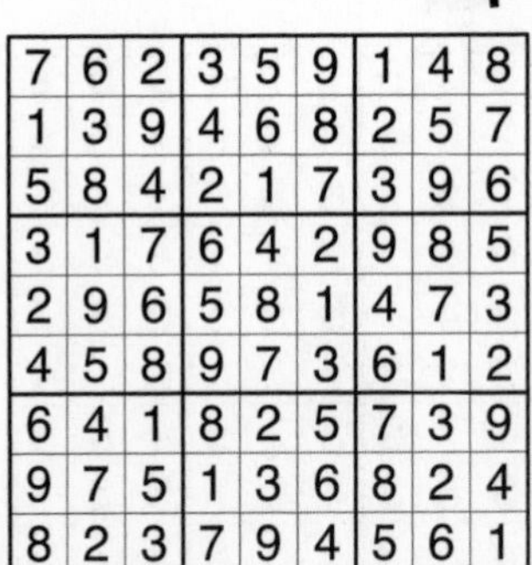

7	6	2	3	5	9	1	4	8
1	3	9	4	6	8	2	5	7
5	8	4	2	1	7	3	9	6
3	1	7	6	4	2	9	8	5
2	9	6	5	8	1	4	7	3
4	5	8	9	7	3	6	1	2
6	4	1	8	2	5	7	3	9
9	7	5	1	3	6	8	2	4
8	2	3	7	9	4	5	6	1

4	2	3	1	7	8	6	9	5
8	6	1	3	9	5	7	2	4
5	9	7	4	6	2	1	8	3
6	8	4	5	2	3	9	1	7
7	3	9	8	1	6	4	5	2
1	5	2	7	4	9	8	3	6
2	4	5	6	8	1	3	7	9
3	1	6	9	5	7	2	4	8
9	7	8	2	3	4	5	6	1

2	4	8	6	1	7	5	9	3
3	6	7	9	5	8	2	1	4
5	9	1	4	3	2	6	8	7
9	2	3	8	6	1	4	7	5
1	8	5	7	4	3	9	6	2
6	7	4	2	9	5	1	3	8
7	1	2	5	8	6	3	4	9
8	3	9	1	2	4	7	5	6
4	5	6	3	7	9	8	2	1

2	7	6	4	3	8	1	9	5
8	5	9	7	1	2	4	3	6
3	4	1	6	5	9	2	8	7
1	8	5	3	6	4	7	2	9
6	3	7	9	2	5	8	4	1
4	9	2	1	8	7	6	5	3
7	6	8	5	4	3	9	1	2
5	1	4	2	9	6	3	7	8
9	2	3	8	7	1	5	6	4

9	4	8	6	2	5	1	3	7
2	3	5	8	7	1	6	9	4
7	1	6	3	9	4	5	2	8
1	5	4	7	8	9	2	6	3
8	9	3	1	6	2	4	7	5
6	7	2	4	5	3	8	1	9
3	2	7	5	1	8	9	4	6
5	6	1	9	4	7	3	8	2
4	8	9	2	3	6	7	5	1

4	9	2	8	1	3	6	7	5
6	7	1	4	5	2	9	3	8
3	8	5	9	7	6	2	4	1
7	5	6	1	2	9	4	8	3
2	3	8	6	4	5	7	1	9
9	1	4	3	8	7	5	2	6
8	4	7	5	9	1	3	6	2
5	2	3	7	6	8	1	9	4
1	6	9	2	3	4	8	5	7

8	7	5	3	1	9	4	6	2
6	3	9	4	2	5	7	8	1
4	1	2	6	7	8	3	9	5
3	5	8	1	6	2	9	7	4
9	2	6	8	4	7	1	5	3
1	4	7	5	9	3	8	2	6
5	6	1	9	8	4	2	3	7
7	9	3	2	5	1	6	4	8
2	8	4	7	3	6	5	1	9

7	6	9	8	2	1	3	4	5
5	1	2	3	4	6	9	7	8
8	4	3	7	9	5	2	6	1
6	3	7	5	8	4	1	9	2
1	2	5	9	3	7	4	8	6
4	9	8	6	1	2	5	3	7
2	7	1	4	6	9	8	5	3
9	8	6	1	5	3	7	2	4
3	5	4	2	7	8	6	1	9

6	1	8	5	9	2	7	4	3
7	9	5	3	4	6	2	1	8
4	2	3	7	8	1	6	9	5
1	5	4	8	7	9	3	6	2
2	8	6	1	3	5	9	7	4
9	3	7	2	6	4	8	5	1
3	6	1	9	5	8	4	2	7
8	4	2	6	1	7	5	3	9
5	7	9	4	2	3	1	8	6

38

6	4	8	3	2	7	1	5	9
9	7	3	4	1	5	8	2	6
5	1	2	8	9	6	7	4	3
8	3	9	2	6	4	5	7	1
1	2	7	5	3	9	6	8	4
4	5	6	7	8	1	9	3	2
2	9	4	1	7	8	3	6	5
7	6	5	9	4	3	2	1	8
3	8	1	6	5	2	4	9	7

1	8	3	7	2	5	9	6	4
7	4	9	3	8	6	5	1	2
5	6	2	1	9	4	3	8	7
4	9	7	5	6	2	1	3	8
2	5	1	8	3	7	4	9	6
6	3	8	4	1	9	2	7	5
3	7	4	6	5	1	8	2	9
8	2	5	9	7	3	6	4	1
9	1	6	2	4	8	7	5	3

40

7	3	8	9	2	5	1	4	6
1	5	6	8	3	4	9	2	7
4	9	2	6	1	7	3	5	8
2	1	3	4	7	8	6	9	5
9	6	7	2	5	3	4	8	1
8	4	5	1	6	9	2	7	3
5	2	9	3	8	1	7	6	4
6	7	1	5	4	2	8	3	9
3	8	4	7	9	6	5	1	2

3	5	8	1	6	7	4	2	9
4	7	9	8	2	5	3	1	6
2	1	6	4	9	3	7	8	5
8	3	4	9	5	1	6	7	2
1	9	5	2	7	6	8	3	4
6	2	7	3	8	4	5	9	1
7	6	1	5	3	2	9	4	8
5	8	2	7	4	9	1	6	3
9	4	3	6	1	8	2	5	7

8	1	3	7	6	2	5	9	4
4	5	6	3	1	9	7	2	8
9	7	2	4	8	5	3	1	6
3	4	1	9	5	7	6	8	2
2	6	5	8	4	3	9	7	1
7	9	8	6	2	1	4	3	5
6	3	4	1	7	8	2	5	9
5	8	9	2	3	4	1	6	7
1	2	7	5	9	6	8	4	3

4	3	5	6	7	2	9	1	8
7	8	1	9	3	4	6	2	5
6	2	9	5	8	1	4	7	3
3	5	7	4	2	6	1	8	9
2	1	6	7	9	8	5	3	4
8	9	4	1	5	3	7	6	2
5	7	8	2	6	9	3	4	1
9	4	3	8	1	7	2	5	6
1	6	2	3	4	5	8	9	7

9	1	3	4	8	6	5	2	7
2	4	8	3	5	7	1	6	9
5	6	7	9	1	2	4	3	8
1	8	5	6	4	3	7	9	2
4	9	6	2	7	8	3	5	1
7	3	2	1	9	5	6	8	4
6	7	9	5	2	1	8	4	3
3	2	1	8	6	4	9	7	5
8	5	4	7	3	9	2	1	6

7	9	1	2	5	3	6	4	8
4	6	2	8	7	9	1	5	3
3	8	5	1	6	4	2	7	9
5	7	6	4	9	2	8	3	1
1	4	3	7	8	6	9	2	5
9	2	8	3	1	5	4	6	7
8	1	4	6	3	7	5	9	2
6	3	9	5	2	8	7	1	4
2	5	7	9	4	1	3	8	6

2	7	4	8	6	5	3	1	9
3	8	6	9	1	7	2	4	5
1	9	5	2	4	3	8	6	7
5	3	7	4	9	1	6	2	8
9	1	2	3	8	6	7	5	4
6	4	8	7	5	2	1	9	3
4	2	9	1	3	8	5	7	6
8	6	1	5	7	4	9	3	2
7	5	3	6	2	9	4	8	1

4	8	7	6	9	2	1	3	5
3	2	9	4	5	1	7	8	6
1	6	5	3	8	7	9	2	4
5	3	8	2	4	9	6	7	1
2	1	4	7	6	5	8	9	3
9	7	6	1	3	8	4	5	2
6	9	2	8	1	3	5	4	7
8	4	3	5	7	6	2	1	9
7	5	1	9	2	4	3	6	8

1	4	5	6	7	3	9	8	2
8	2	6	4	1	9	7	5	3
9	3	7	8	2	5	6	1	4
6	5	9	3	8	2	1	4	7
4	1	8	9	5	7	2	3	6
2	7	3	1	6	4	5	9	8
7	9	2	5	4	8	3	6	1
3	8	1	7	9	6	4	2	5
5	6	4	2	3	1	8	7	9

1	2	5	4	6	8	3	9	7
7	3	4	9	1	2	8	6	5
8	6	9	3	7	5	4	2	1
5	7	3	8	2	6	9	1	4
6	4	8	1	9	7	2	5	3
9	1	2	5	3	4	7	8	6
2	8	7	6	4	1	5	3	9
3	5	6	7	8	9	1	4	2
4	9	1	2	5	3	6	7	8

8	7	1	4	6	5	3	2	9
4	3	9	7	1	2	5	8	6
5	2	6	3	8	9	7	1	4
6	5	7	9	2	1	8	4	3
2	1	8	6	4	3	9	7	5
9	4	3	8	5	7	1	6	2
7	8	5	2	3	6	4	9	1
1	9	2	5	7	4	6	3	8
3	6	4	1	9	8	2	5	7

9	5	4	3	6	8	7	2	1
7	3	1	9	2	4	6	8	5
6	8	2	1	7	5	4	3	9
8	7	6	5	9	1	2	4	3
5	2	3	6	4	7	1	9	8
4	1	9	8	3	2	5	7	6
1	6	7	4	8	9	3	5	2
2	9	5	7	1	3	8	6	4
3	4	8	2	5	6	9	1	7

3	8	1	6	5	7	2	4	9
9	7	5	8	4	2	3	1	6
4	6	2	9	3	1	8	5	7
8	9	4	2	7	3	1	6	5
2	1	6	5	8	9	7	3	4
5	3	7	4	1	6	9	8	2
7	4	8	3	2	5	6	9	1
1	5	9	7	6	8	4	2	3
6	2	3	1	9	4	5	7	8

3	1	5	2	7	8	9	4	6
2	6	7	5	4	9	1	8	3
4	9	8	6	1	3	5	2	7
8	5	9	7	6	2	3	1	4
1	3	6	4	8	5	2	7	9
7	4	2	9	3	1	6	5	8
6	2	3	8	5	7	4	9	1
9	8	1	3	2	4	7	6	5
5	7	4	1	9	6	8	3	2

3	8	7	5	6	9	4	1	2
5	2	1	3	8	4	7	6	9
4	6	9	7	2	1	5	3	8
9	1	6	4	7	8	3	2	5
2	3	8	1	9	5	6	4	7
7	5	4	6	3	2	9	8	1
6	4	5	2	1	7	8	9	3
1	9	3	8	5	6	2	7	4
8	7	2	9	4	3	1	5	6

3	9	8	6	7	4	5	1	2
6	2	4	1	5	8	3	7	9
1	5	7	2	3	9	8	6	4
4	6	9	8	2	5	1	3	7
7	8	3	9	6	1	2	4	5
5	1	2	7	4	3	9	8	6
2	4	5	3	8	6	7	9	1
9	3	6	5	1	7	4	2	8
8	7	1	4	9	2	6	5	3

9	2	5	1	4	6	7	8	3
4	8	7	9	3	2	1	6	5
6	3	1	5	8	7	4	2	9
5	7	9	8	6	1	2	3	4
3	1	8	2	5	4	9	7	6
2	4	6	3	7	9	5	1	8
1	9	4	6	2	3	8	5	7
8	6	2	7	9	5	3	4	1
7	5	3	4	1	8	6	9	2

9	3	4	1	6	5	8	2	7
7	5	1	3	8	2	9	6	4
6	8	2	4	7	9	3	5	1
3	7	6	2	4	1	5	8	9
8	4	9	5	3	7	2	1	6
1	2	5	6	9	8	7	4	3
4	6	8	9	5	3	1	7	2
5	1	3	7	2	6	4	9	8
2	9	7	8	1	4	6	3	5

5	7	6	2	3	9	1	8	4
3	8	9	4	5	1	6	7	2
2	1	4	6	8	7	9	5	3
4	5	8	7	2	6	3	1	9
6	2	3	9	1	5	8	4	7
1	9	7	3	4	8	2	6	5
9	4	5	1	6	3	7	2	8
8	3	1	5	7	2	4	9	6
7	6	2	8	9	4	5	3	1

9	6	7	2	3	8	4	5	1
2	1	8	6	4	5	9	7	3
3	4	5	7	9	1	6	2	8
6	3	1	9	8	2	5	4	7
8	5	9	1	7	4	3	6	2
4	7	2	5	6	3	1	8	9
1	8	3	4	5	7	2	9	6
5	2	6	8	1	9	7	3	4
7	9	4	3	2	6	8	1	5

1	2	7	6	5	4	3	8	9
6	4	3	9	2	8	1	7	5
5	8	9	1	7	3	4	2	6
7	5	4	3	8	9	6	1	2
8	3	6	5	1	2	9	4	7
2	9	1	4	6	7	5	3	8
4	7	5	8	9	1	2	6	3
3	6	2	7	4	5	8	9	1
9	1	8	2	3	6	7	5	4

4	5	2	8	7	9	1	6	3
3	7	8	1	6	2	9	4	5
9	1	6	5	4	3	7	8	2
1	2	7	3	8	5	6	9	4
6	4	3	9	2	7	8	5	1
5	8	9	4	1	6	2	3	7
7	9	1	6	5	4	3	2	8
8	6	4	2	3	1	5	7	9
2	3	5	7	9	8	4	1	6

1	5	3	8	6	2	9	7	4
9	6	4	3	7	5	2	1	8
2	8	7	9	1	4	6	5	3
7	3	9	4	8	1	5	6	2
8	1	6	2	5	9	4	3	7
5	4	2	7	3	6	1	8	9
4	7	1	6	9	3	8	2	5
6	2	8	5	4	7	3	9	1
3	9	5	1	2	8	7	4	6

63

5	8	4	9	2	3	7	1	6
7	3	9	5	6	1	2	4	8
6	2	1	4	7	8	3	5	9
8	6	5	2	3	7	1	9	4
1	4	2	6	5	9	8	3	7
3	9	7	8	1	4	6	2	5
2	1	8	7	9	5	4	6	3
9	7	3	1	4	6	5	8	2
4	5	6	3	8	2	9	7	1

7	8	6	1	3	2	9	5	4
1	5	4	9	7	6	3	2	8
2	9	3	8	5	4	6	1	7
6	1	8	4	2	3	7	9	5
4	2	7	5	6	9	8	3	1
9	3	5	7	8	1	4	6	2
5	7	2	6	9	8	1	4	3
8	6	1	3	4	5	2	7	9
3	4	9	2	1	7	5	8	6

4	6	3	1	2	7	8	5	9
9	7	1	3	8	5	6	2	4
5	8	2	9	4	6	7	1	3
2	5	8	7	9	4	1	3	6
1	4	9	2	6	3	5	7	8
7	3	6	8	5	1	4	9	2
8	1	5	6	3	2	9	4	7
3	9	7	4	1	8	2	6	5
6	2	4	5	7	9	3	8	1

7	1	6	5	3	8	4	9	2
8	5	4	9	7	2	1	3	6
3	2	9	6	4	1	8	5	7
5	6	1	2	9	3	7	8	4
9	3	7	4	8	6	5	2	1
4	8	2	1	5	7	9	6	3
1	4	3	8	2	5	6	7	9
6	7	8	3	1	9	2	4	5
2	9	5	7	6	4	3	1	8

4	5	9	3	2	8	7	1	6
6	1	7	5	9	4	3	8	2
2	3	8	7	1	6	4	5	9
9	6	3	8	5	1	2	7	4
1	7	2	6	4	9	8	3	5
8	4	5	2	3	7	6	9	1
3	9	1	4	7	2	5	6	8
5	2	6	1	8	3	9	4	7
7	8	4	9	6	5	1	2	3

4	3	1	2	9	6	7	8	5
8	7	6	4	3	5	1	9	2
9	2	5	1	7	8	6	4	3
2	6	3	8	5	9	4	1	7
5	1	9	7	6	4	3	2	8
7	4	8	3	1	2	9	5	6
1	5	4	6	8	7	2	3	9
3	9	7	5	2	1	8	6	4
6	8	2	9	4	3	5	7	1

1	9	8	7	5	4	3	2	6
7	2	4	1	3	6	9	8	5
6	3	5	8	2	9	1	4	7
8	5	6	4	7	3	2	9	1
9	4	2	5	8	1	6	7	3
3	7	1	9	6	2	4	5	8
4	8	3	2	1	5	7	6	9
2	1	7	6	9	8	5	3	4
5	6	9	3	4	7	8	1	2

9	6	1	2	5	4	8	7	3
2	7	5	8	9	3	6	1	4
3	8	4	6	1	7	5	2	9
1	2	8	9	4	6	3	5	7
4	3	6	7	2	5	9	8	1
7	5	9	1	3	8	4	6	2
6	9	3	5	7	2	1	4	8
8	1	7	4	6	9	2	3	5
5	4	2	3	8	1	7	9	6

3	4	5	9	7	1	6	8	2
6	8	1	2	4	3	5	9	7
9	2	7	6	8	5	4	1	3
2	3	9	7	5	4	1	6	8
8	5	4	1	2	6	3	7	9
7	1	6	3	9	8	2	5	4
4	9	8	5	6	2	7	3	1
5	7	3	4	1	9	8	2	6
1	6	2	8	3	7	9	4	5

2	4	6	5	3	1	8	7	9
5	1	7	9	8	4	2	6	3
9	3	8	2	7	6	5	1	4
1	6	4	3	2	8	7	9	5
3	7	2	6	9	5	4	8	1
8	9	5	1	4	7	3	2	6
7	8	9	4	6	3	1	5	2
6	5	3	7	1	2	9	4	8
4	2	1	8	5	9	6	3	7

73

5	2	8	1	4	9	3	7	6
3	1	9	7	6	8	2	5	4
7	6	4	2	3	5	1	9	8
9	7	1	4	5	6	8	3	2
4	3	5	9	8	2	6	1	7
6	8	2	3	1	7	5	4	9
1	9	3	6	2	4	7	8	5
8	4	6	5	7	1	9	2	3
2	5	7	8	9	3	4	6	1

1	3	7	9	8	5	4	6	2
9	5	2	6	4	1	3	7	8
8	6	4	3	2	7	5	9	1
3	2	5	8	7	6	9	1	4
7	1	8	4	9	2	6	3	5
4	9	6	5	1	3	2	8	7
6	7	3	2	5	8	1	4	9
2	8	9	1	6	4	7	5	3
5	4	1	7	3	9	8	2	6

4	1	3	7	5	8	2	9	6
2	7	8	6	4	9	3	1	5
5	6	9	2	3	1	4	7	8
3	9	6	1	7	2	5	8	4
1	8	2	4	6	5	7	3	9
7	4	5	9	8	3	6	2	1
8	2	4	5	9	7	1	6	3
9	5	1	3	2	6	8	4	7
6	3	7	8	1	4	9	5	2

6	8	7	9	5	2	3	1	4
2	1	4	6	3	7	9	5	8
3	9	5	4	1	8	7	6	2
4	6	8	5	9	3	1	2	7
5	3	2	7	8	1	6	4	9
1	7	9	2	4	6	5	8	3
7	5	1	8	2	9	4	3	6
9	2	3	1	6	4	8	7	5
8	4	6	3	7	5	2	9	1

1	4	8	2	3	5	6	9	7
6	5	2	7	1	9	4	3	8
7	3	9	4	8	6	5	1	2
2	8	6	9	5	4	1	7	3
5	7	1	3	6	2	9	8	4
4	9	3	8	7	1	2	5	6
3	2	4	1	9	8	7	6	5
8	1	5	6	4	7	3	2	9
9	6	7	5	2	3	8	4	1

8	4	1	3	5	7	6	9	2
2	3	7	4	6	9	5	1	8
5	6	9	2	1	8	3	4	7
1	5	8	7	4	6	9	2	3
6	9	3	5	2	1	7	8	4
7	2	4	9	8	3	1	5	6
3	7	5	8	9	2	4	6	1
9	8	6	1	7	4	2	3	5
4	1	2	6	3	5	8	7	9

3	9	5	8	1	6	7	2	4
2	8	7	3	4	5	1	6	9
4	1	6	7	2	9	8	5	3
5	7	2	4	9	1	3	8	6
9	6	8	5	3	7	4	1	2
1	3	4	6	8	2	5	9	7
8	2	1	9	7	3	6	4	5
6	4	3	2	5	8	9	7	1
7	5	9	1	6	4	2	3	8

8	3	7	1	6	2	5	4	9
5	2	9	7	8	4	6	1	3
6	4	1	9	3	5	8	2	7
3	8	5	4	2	9	1	7	6
4	7	2	8	1	6	3	9	5
9	1	6	5	7	3	4	8	2
1	6	3	2	9	8	7	5	4
7	9	4	3	5	1	2	6	8
2	5	8	6	4	7	9	3	1

9	3	8	2	6	4	5	1	7
5	2	6	7	1	3	8	4	9
1	7	4	5	9	8	3	6	2
6	5	7	1	8	2	9	3	4
3	8	1	9	4	6	2	7	5
2	4	9	3	5	7	1	8	6
7	1	2	6	3	5	4	9	8
4	6	3	8	2	9	7	5	1
8	9	5	4	7	1	6	2	3

7	2	5	8	4	6	9	3	1
3	8	1	2	9	7	6	4	5
6	9	4	3	1	5	8	7	2
5	1	6	7	2	4	3	8	9
2	3	7	9	5	8	1	6	4
9	4	8	6	3	1	5	2	7
8	6	2	5	7	9	4	1	3
4	7	9	1	8	3	2	5	6
1	5	3	4	6	2	7	9	8

5	2	4	9	6	7	8	3	1
3	7	8	2	5	1	4	6	9
1	6	9	4	8	3	2	5	7
6	8	2	7	9	5	3	1	4
9	4	3	1	2	8	6	7	5
7	1	5	6	3	4	9	8	2
4	5	6	3	7	9	1	2	8
8	3	1	5	4	2	7	9	6
2	9	7	8	1	6	5	4	3

4	7	3	6	5	9	2	8	1
5	1	6	8	4	2	3	9	7
9	2	8	7	1	3	6	4	5
7	9	5	2	8	4	1	3	6
8	3	1	5	6	7	9	2	4
6	4	2	9	3	1	7	5	8
1	8	9	3	7	5	4	6	2
2	6	4	1	9	8	5	7	3
3	5	7	4	2	6	8	1	9

2	1	9	5	4	7	3	8	6
5	7	8	3	1	6	9	2	4
3	6	4	9	2	8	7	5	1
7	5	2	1	6	4	8	3	9
1	8	6	2	3	9	4	7	5
9	4	3	7	8	5	6	1	2
6	2	1	4	7	3	5	9	8
4	3	5	8	9	1	2	6	7
8	9	7	6	5	2	1	4	3

2	4	7	1	8	6	3	9	5
5	8	6	2	9	3	1	4	7
1	3	9	5	4	7	6	2	8
9	6	5	7	1	2	4	8	3
7	1	8	9	3	4	5	6	2
4	2	3	8	6	5	9	7	1
6	7	2	3	5	9	8	1	4
8	5	4	6	2	1	7	3	9
3	9	1	4	7	8	2	5	6

7	1	3	2	4	5	6	9	8
5	8	4	9	6	3	2	7	1
2	9	6	1	7	8	4	5	3
6	2	1	4	8	7	5	3	9
9	3	7	5	2	6	8	1	4
4	5	8	3	1	9	7	6	2
1	4	5	7	9	2	3	8	6
3	6	9	8	5	4	1	2	7
8	7	2	6	3	1	9	4	5

3	8	6	2	7	1	4	9	5
2	4	7	5	8	9	6	1	3
9	1	5	6	4	3	7	8	2
8	9	2	1	5	4	3	7	6
5	6	4	9	3	7	1	2	8
1	7	3	8	6	2	5	4	9
7	5	8	4	2	6	9	3	1
4	2	9	3	1	5	8	6	7
6	3	1	7	9	8	2	5	4

8	4	3	9	7	6	5	2	1
5	6	7	2	8	1	4	9	3
9	2	1	3	5	4	7	6	8
4	1	8	5	2	9	3	7	6
7	3	2	6	1	8	9	4	5
6	5	9	7	4	3	1	8	2
3	8	4	1	9	2	6	5	7
2	7	6	4	3	5	8	1	9
1	9	5	8	6	7	2	3	4

4	8	2	3	1	9	5	7	6
1	3	7	6	8	5	4	2	9
5	6	9	4	7	2	1	8	3
2	9	1	8	4	6	3	5	7
3	7	5	2	9	1	8	6	4
8	4	6	5	3	7	9	1	2
6	2	8	9	5	4	7	3	1
9	1	3	7	6	8	2	4	5
7	5	4	1	2	3	6	9	8

6	3	5	7	1	4	2	9	8
4	7	1	2	8	9	5	3	6
8	9	2	3	5	6	4	1	7
9	5	8	4	3	7	1	6	2
1	6	4	8	9	2	7	5	3
7	2	3	1	6	5	9	8	4
3	4	9	6	7	1	8	2	5
5	8	7	9	2	3	6	4	1
2	1	6	5	4	8	3	7	9

7	1	5	2	4	8	9	6	3
8	4	9	5	3	6	7	2	1
6	2	3	7	1	9	8	5	4
1	5	7	9	8	4	2	3	6
9	3	8	6	2	1	4	7	5
4	6	2	3	7	5	1	9	8
5	8	6	4	9	7	3	1	2
2	9	1	8	6	3	5	4	7
3	7	4	1	5	2	6	8	9

93

6	1	9	5	4	8	3	7	2
2	7	8	3	9	1	4	6	5
3	5	4	6	7	2	1	9	8
4	9	3	7	2	5	8	1	6
5	6	7	1	8	4	2	3	9
8	2	1	9	6	3	7	5	4
1	3	2	4	5	6	9	8	7
7	4	6	8	1	9	5	2	3
9	8	5	2	3	7	6	4	1

1	5	4	2	7	8	6	3	9
3	9	7	5	1	6	8	4	2
2	6	8	3	4	9	7	5	1
4	8	5	6	3	1	2	9	7
6	1	2	7	9	5	4	8	3
7	3	9	8	2	4	5	1	6
5	4	3	9	6	7	1	2	8
9	7	1	4	8	2	3	6	5
8	2	6	1	5	3	9	7	4

8	9	7	6	5	2	4	1	3
3	6	2	1	4	8	9	7	5
4	5	1	7	3	9	2	6	8
6	3	4	9	8	5	7	2	1
7	1	9	2	6	3	8	5	4
2	8	5	4	1	7	6	3	9
5	7	6	8	9	1	3	4	2
9	4	3	5	2	6	1	8	7
1	2	8	3	7	4	5	9	6

8	7	3	2	6	5	9	1	4
4	6	2	9	8	1	3	7	5
5	9	1	7	3	4	6	8	2
2	3	9	6	4	7	1	5	8
6	5	8	1	2	9	4	3	7
7	1	4	8	5	3	2	6	9
3	2	5	4	7	6	8	9	1
9	4	7	3	1	8	5	2	6
1	8	6	5	9	2	7	4	3

5	3	9	7	8	2	1	6	4
4	7	2	6	3	1	8	9	5
1	6	8	9	5	4	3	2	7
7	9	5	8	1	3	6	4	2
2	4	3	5	6	7	9	1	8
8	1	6	2	4	9	7	5	3
3	8	1	4	2	6	5	7	9
9	5	4	1	7	8	2	3	6
6	2	7	3	9	5	4	8	1

3	6	9	5	8	2	1	4	7
1	2	5	3	4	7	6	8	9
4	7	8	1	6	9	5	3	2
5	8	1	9	7	3	2	6	4
7	3	6	2	5	4	8	9	1
9	4	2	8	1	6	7	5	3
8	9	4	7	2	5	3	1	6
6	1	7	4	3	8	9	2	5
2	5	3	6	9	1	4	7	8

2	5	8	4	7	1	3	9	6
7	4	3	5	9	6	1	8	2
1	6	9	3	2	8	5	7	4
4	1	2	8	3	7	9	6	5
3	7	5	9	6	4	2	1	8
9	8	6	1	5	2	7	4	3
8	9	7	2	4	3	6	5	1
5	3	1	6	8	9	4	2	7
6	2	4	7	1	5	8	3	9

9	1	7	8	6	3	5	2	4
5	8	4	2	1	9	3	6	7
6	2	3	5	4	7	1	9	8
3	4	9	1	7	2	6	8	5
1	7	6	4	5	8	2	3	9
8	5	2	9	3	6	4	7	1
7	3	5	6	8	1	9	4	2
4	9	8	3	2	5	7	1	6
2	6	1	7	9	4	8	5	3

2	6	9	8	5	3	1	7	4
7	4	5	9	1	2	3	8	6
8	3	1	7	4	6	2	5	9
1	7	2	3	8	4	9	6	5
9	8	3	6	2	5	4	1	7
6	5	4	1	9	7	8	3	2
5	2	6	4	3	8	7	9	1
3	9	7	2	6	1	5	4	8
4	1	8	5	7	9	6	2	3

5	2	9	1	8	3	4	7	6
3	4	1	5	6	7	8	9	2
6	7	8	2	9	4	1	3	5
7	6	3	4	5	8	2	1	9
2	1	4	6	7	9	3	5	8
9	8	5	3	2	1	6	4	7
1	9	7	8	4	6	5	2	3
8	3	2	9	1	5	7	6	4
4	5	6	7	3	2	9	8	1

9	5	4	6	8	7	1	2	3
8	2	6	5	1	3	9	4	7
7	3	1	9	4	2	8	6	5
2	9	7	4	3	6	5	8	1
6	1	8	7	9	5	2	3	4
3	4	5	8	2	1	6	7	9
4	8	3	2	5	9	7	1	6
5	6	2	1	7	4	3	9	8
1	7	9	3	6	8	4	5	2

8	1	3	7	4	2	5	9	6
9	6	4	8	3	5	2	7	1
7	2	5	9	6	1	4	3	8
6	9	8	4	1	3	7	5	2
3	5	1	2	8	7	9	6	4
2	4	7	5	9	6	1	8	3
5	3	6	1	2	9	8	4	7
4	7	2	6	5	8	3	1	9
1	8	9	3	7	4	6	2	5

5	9	6	1	7	8	4	2	3
1	7	8	2	3	4	9	6	5
3	4	2	5	6	9	1	8	7
4	3	1	9	8	7	2	5	6
6	8	5	4	1	2	7	3	9
9	2	7	6	5	3	8	4	1
2	1	9	3	4	6	5	7	8
8	5	3	7	2	1	6	9	4
7	6	4	8	9	5	3	1	2

1	4	5	9	6	3	7	2	8
2	8	7	1	5	4	3	6	9
6	3	9	7	2	8	5	1	4
9	5	6	4	3	2	1	8	7
3	7	4	8	1	6	2	9	5
8	1	2	5	7	9	4	3	6
4	2	3	6	8	5	9	7	1
5	6	1	3	9	7	8	4	2
7	9	8	2	4	1	6	5	3

9	2	6	3	8	4	5	7	1
4	8	5	1	7	9	6	2	3
3	7	1	5	2	6	4	9	8
7	5	8	2	9	3	1	6	4
1	9	4	6	5	7	8	3	2
6	3	2	8	4	1	7	5	9
2	6	9	7	1	8	3	4	5
8	4	3	9	6	5	2	1	7
5	1	7	4	3	2	9	8	6

3	8	2	6	1	9	7	5	4
6	4	1	7	5	2	8	3	9
5	9	7	4	8	3	1	6	2
4	7	9	5	3	6	2	1	8
1	2	3	9	4	8	6	7	5
8	6	5	1	2	7	9	4	3
2	1	8	3	6	5	4	9	7
9	3	4	2	7	1	5	8	6
7	5	6	8	9	4	3	2	1

3	2	7	1	4	9	6	8	5
9	4	6	8	2	5	3	7	1
5	8	1	6	7	3	4	9	2
6	3	9	5	8	7	1	2	4
2	5	8	4	1	6	9	3	7
1	7	4	3	9	2	5	6	8
8	9	5	2	6	1	7	4	3
4	6	3	7	5	8	2	1	9
7	1	2	9	3	4	8	5	6

6	4	1	7	5	2	3	8	9
8	2	7	3	4	9	5	6	1
5	9	3	8	6	1	4	7	2
2	8	4	5	7	6	1	9	3
7	6	9	1	3	4	2	5	8
3	1	5	9	2	8	7	4	6
9	3	2	4	8	7	6	1	5
4	5	8	6	1	3	9	2	7
1	7	6	2	9	5	8	3	4

9	6	3	7	8	5	4	2	1
1	5	7	2	6	4	3	9	8
8	2	4	3	9	1	7	6	5
5	4	8	6	2	3	1	7	9
7	1	9	5	4	8	2	3	6
2	3	6	9	1	7	5	8	4
4	7	2	8	5	9	6	1	3
6	9	1	4	3	2	8	5	7
3	8	5	1	7	6	9	4	2

3	8	2	5	7	6	1	4	9
5	9	4	2	1	8	3	6	7
1	7	6	9	3	4	2	8	5
8	2	5	6	9	1	7	3	4
9	6	3	7	4	5	8	2	1
7	4	1	8	2	3	5	9	6
2	5	9	4	8	7	6	1	3
4	1	7	3	6	2	9	5	8
6	3	8	1	5	9	4	7	2

1	5	4	2	6	8	7	3	9
6	3	7	1	9	5	8	4	2
8	9	2	7	4	3	5	1	6
5	2	9	6	3	4	1	8	7
3	7	6	8	2	1	9	5	4
4	1	8	5	7	9	6	2	3
7	8	3	4	5	6	2	9	1
2	4	1	9	8	7	3	6	5
9	6	5	3	1	2	4	7	8

7	8	1	4	3	9	2	6	5
2	6	4	1	5	7	9	8	3
3	5	9	8	2	6	4	1	7
9	3	7	6	8	4	1	5	2
8	2	6	7	1	5	3	9	4
1	4	5	3	9	2	8	7	6
4	9	3	5	6	1	7	2	8
6	7	2	9	4	8	5	3	1
5	1	8	2	7	3	6	4	9

8	1	6	9	4	2	5	3	7
3	4	5	7	1	6	8	9	2
7	9	2	5	3	8	6	4	1
1	8	7	2	5	9	3	6	4
9	2	3	4	6	1	7	5	8
5	6	4	8	7	3	1	2	9
2	5	1	3	8	4	9	7	6
6	3	9	1	2	7	4	8	5
4	7	8	6	9	5	2	1	3

7	1	5	6	3	8	9	4	2
8	9	3	4	2	5	7	1	6
6	2	4	7	1	9	8	3	5
9	8	6	1	5	4	3	2	7
1	4	7	3	8	2	5	6	9
3	5	2	9	6	7	4	8	1
5	6	1	8	7	3	2	9	4
4	7	8	2	9	6	1	5	3
2	3	9	5	4	1	6	7	8

4	2	9	5	7	8	1	3	6
1	3	7	9	6	4	2	5	8
5	8	6	3	2	1	4	7	9
8	9	1	7	3	6	5	2	4
6	4	2	1	5	9	7	8	3
3	7	5	4	8	2	9	6	1
7	1	3	6	9	5	8	4	2
9	6	8	2	4	7	3	1	5
2	5	4	8	1	3	6	9	7

7	8	5	3	1	9	6	4	2
6	3	9	4	2	5	1	8	7
4	2	1	6	7	8	9	5	3
5	7	4	1	9	6	3	2	8
2	1	3	5	8	7	4	6	9
9	6	8	2	3	4	5	7	1
8	5	7	9	6	1	2	3	4
3	9	6	7	4	2	8	1	5
1	4	2	8	5	3	7	9	6

4	1	7	9	3	6	8	2	5
3	8	6	2	5	1	7	4	9
2	5	9	4	7	8	3	1	6
9	3	8	6	1	5	4	7	2
6	4	1	7	2	3	5	9	8
5	7	2	8	9	4	6	3	1
7	6	4	1	8	2	9	5	3
8	2	3	5	4	9	1	6	7
1	9	5	3	6	7	2	8	4

2	5	9	7	8	3	4	6	1
8	7	4	6	1	2	9	5	3
1	3	6	9	4	5	8	7	2
7	8	5	4	9	1	3	2	6
4	6	3	2	5	8	1	9	7
9	1	2	3	6	7	5	4	8
6	2	8	5	3	4	7	1	9
3	4	7	1	2	9	6	8	5
5	9	1	8	7	6	2	3	4

6	5	1	7	4	8	3	9	2
2	4	8	9	3	6	1	7	5
7	3	9	5	2	1	4	8	6
9	2	3	8	1	4	5	6	7
4	7	5	2	6	9	8	1	3
8	1	6	3	7	5	9	2	4
3	6	4	1	8	7	2	5	9
1	9	7	4	5	2	6	3	8
5	8	2	6	9	3	7	4	1

1	7	2	8	3	9	5	6	4
8	6	5	1	4	7	9	2	3
9	3	4	2	6	5	1	7	8
6	8	9	7	5	3	2	4	1
2	5	1	6	8	4	7	3	9
3	4	7	9	1	2	6	8	5
4	9	3	5	7	6	8	1	2
7	2	8	3	9	1	4	5	6
5	1	6	4	2	8	3	9	7

5	3	2	4	6	8	1	9	7
4	1	9	3	7	2	6	5	8
6	7	8	1	9	5	4	3	2
3	9	5	8	1	7	2	4	6
8	6	7	5	2	4	9	1	3
2	4	1	6	3	9	8	7	5
7	2	6	9	5	1	3	8	4
9	8	3	7	4	6	5	2	1
1	5	4	2	8	3	7	6	9

4	9	6	1	7	3	5	8	2
8	5	7	2	4	6	3	9	1
2	3	1	9	5	8	6	7	4
7	2	9	3	1	5	4	6	8
1	6	3	8	9	4	2	5	7
5	8	4	7	6	2	1	3	9
6	4	2	5	8	7	9	1	3
9	7	5	4	3	1	8	2	6
3	1	8	6	2	9	7	4	5

9	7	5	1	8	6	2	4	3
2	6	4	9	5	3	8	7	1
1	8	3	7	4	2	9	5	6
4	9	2	3	1	8	7	6	5
8	3	6	2	7	5	1	9	4
7	5	1	4	6	9	3	8	2
5	1	9	6	2	7	4	3	8
3	2	8	5	9	4	6	1	7
6	4	7	8	3	1	5	2	9

7	9	4	2	8	3	1	5	6
5	8	2	6	7	1	9	3	4
3	6	1	4	5	9	2	7	8
8	7	6	5	1	2	3	4	9
1	5	9	3	4	7	6	8	2
2	4	3	9	6	8	5	1	7
9	3	8	1	2	4	7	6	5
6	1	7	8	9	5	4	2	3
4	2	5	7	3	6	8	9	1

3	2	7	8	9	6	5	4	1
5	9	8	3	1	4	2	7	6
1	6	4	5	7	2	9	3	8
8	7	1	9	2	5	3	6	4
4	5	9	6	3	8	1	2	7
2	3	6	7	4	1	8	9	5
9	4	5	1	6	3	7	8	2
6	8	3	2	5	7	4	1	9
7	1	2	4	8	9	6	5	3

4	9	5	3	1	6	7	2	8
3	7	1	4	8	2	6	5	9
2	6	8	7	9	5	1	4	3
6	4	2	9	3	1	8	7	5
7	1	3	5	2	8	4	9	6
5	8	9	6	7	4	2	3	1
8	5	4	2	6	9	3	1	7
9	3	6	1	4	7	5	8	2
1	2	7	8	5	3	9	6	4

7	6	2	4	9	3	8	5	1
5	8	9	2	1	7	4	3	6
3	1	4	8	5	6	9	7	2
6	4	1	7	8	5	2	9	3
8	3	5	9	2	1	6	4	7
2	9	7	6	3	4	5	1	8
9	7	6	3	4	2	1	8	5
4	5	3	1	6	8	7	2	9
1	2	8	5	7	9	3	6	4

1	6	8	7	4	9	5	3	2
4	7	5	2	3	6	9	1	8
3	9	2	5	8	1	6	7	4
8	2	6	4	7	3	1	9	5
5	1	3	9	6	2	4	8	7
7	4	9	8	1	5	2	6	3
2	5	7	1	9	8	3	4	6
6	8	1	3	2	4	7	5	9
9	3	4	6	5	7	8	2	1

8	9	3	4	2	1	6	5	7
4	2	7	6	8	5	9	1	3
5	1	6	3	7	9	4	2	8
6	4	1	2	5	7	8	3	9
7	8	9	1	3	4	5	6	2
2	3	5	8	9	6	7	4	1
1	7	4	9	6	3	2	8	5
9	6	2	5	1	8	3	7	4
3	5	8	7	4	2	1	9	6

9	2	4	3	7	8	6	1	5
5	1	3	9	2	6	8	4	7
8	6	7	1	5	4	2	3	9
1	4	9	6	3	5	7	2	8
2	3	6	7	8	1	5	9	4
7	5	8	2	4	9	3	6	1
3	9	2	8	1	7	4	5	6
6	7	5	4	9	2	1	8	3
4	8	1	5	6	3	9	7	2

133

6	1	7	3	2	9	5	4	8
2	8	9	1	4	5	3	7	6
5	3	4	6	8	7	9	1	2
7	6	2	9	1	3	4	8	5
3	4	8	2	5	6	7	9	1
9	5	1	4	7	8	2	6	3
8	9	3	7	6	2	1	5	4
1	7	5	8	3	4	6	2	9
4	2	6	5	9	1	8	3	7

1	8	2	4	9	6	5	3	7
6	9	4	5	7	3	8	1	2
3	5	7	1	2	8	9	6	4
7	1	5	8	6	9	2	4	3
2	3	9	7	1	4	6	5	8
8	4	6	3	5	2	7	9	1
4	2	1	9	8	5	3	7	6
5	7	8	6	3	1	4	2	9
9	6	3	2	4	7	1	8	5

3	4	8	1	2	9	7	6	5
6	1	9	4	7	5	3	2	8
2	5	7	8	6	3	4	9	1
1	6	5	2	4	7	9	8	3
7	8	2	3	9	6	1	5	4
4	9	3	5	8	1	6	7	2
8	2	6	9	1	4	5	3	7
9	3	4	7	5	8	2	1	6
5	7	1	6	3	2	8	4	9

4	2	6	5	1	7	9	3	8
7	9	5	6	8	3	4	1	2
3	8	1	2	9	4	5	7	6
2	7	8	3	4	1	6	5	9
1	5	4	7	6	9	2	8	3
9	6	3	8	2	5	7	4	1
8	3	7	9	5	6	1	2	4
6	4	2	1	7	8	3	9	5
5	1	9	4	3	2	8	6	7

8	9	7	5	3	6	4	1	2
6	3	2	1	4	8	5	7	9
4	1	5	2	7	9	8	3	6
5	6	4	7	2	3	9	8	1
3	2	1	9	8	4	7	6	5
9	7	8	6	1	5	3	2	4
2	5	6	8	9	7	1	4	3
1	8	3	4	5	2	6	9	7
7	4	9	3	6	1	2	5	8

4	5	1	3	8	7	9	6	2
2	3	8	6	5	9	4	1	7
9	7	6	4	2	1	5	3	8
8	9	2	1	7	5	3	4	6
6	4	7	2	9	3	1	8	5
3	1	5	8	4	6	7	2	9
5	6	4	9	3	2	8	7	1
1	8	9	7	6	4	2	5	3
7	2	3	5	1	8	6	9	4

1	4	7	5	6	3	2	8	9
2	8	3	9	7	4	5	1	6
6	9	5	8	2	1	4	3	7
5	3	8	4	9	7	6	2	1
4	7	6	2	1	5	3	9	8
9	1	2	6	3	8	7	4	5
3	5	9	7	8	2	1	6	4
7	6	1	3	4	9	8	5	2
8	2	4	1	5	6	9	7	3

5	4	7	9	2	1	3	6	8
9	8	1	7	6	3	4	2	5
6	2	3	5	8	4	1	7	9
8	5	9	1	4	6	7	3	2
7	1	6	2	3	5	8	9	4
4	3	2	8	9	7	6	5	1
3	9	8	4	7	2	5	1	6
2	6	5	3	1	8	9	4	7
1	7	4	6	5	9	2	8	3

3	8	6	7	2	5	9	4	1
7	9	5	1	4	6	2	3	8
1	2	4	3	8	9	5	7	6
2	6	8	5	1	3	7	9	4
9	3	1	4	7	8	6	5	2
4	5	7	9	6	2	8	1	3
6	4	9	8	5	1	3	2	7
8	7	3	2	9	4	1	6	5
5	1	2	6	3	7	4	8	9

3	6	9	5	2	1	7	8	4
8	4	5	9	6	7	2	1	3
7	2	1	8	4	3	6	9	5
1	3	2	7	5	4	9	6	8
6	7	4	2	9	8	5	3	1
9	5	8	3	1	6	4	2	7
4	9	7	1	3	2	8	5	6
5	1	6	4	8	9	3	7	2
2	8	3	6	7	5	1	4	9

5	7	8	4	6	9	1	3	2
6	1	2	8	3	7	9	4	5
3	4	9	1	2	5	7	6	8
7	9	6	3	1	8	2	5	4
4	2	5	7	9	6	3	8	1
8	3	1	2	5	4	6	9	7
9	5	4	6	7	1	8	2	3
1	6	3	5	8	2	4	7	9
2	8	7	9	4	3	5	1	6

7	2	9	6	5	8	3	1	4
8	3	6	2	1	4	7	9	5
1	4	5	3	7	9	6	8	2
3	8	7	9	2	1	4	5	6
9	5	2	4	6	7	8	3	1
4	6	1	8	3	5	2	7	9
6	9	4	5	8	3	1	2	7
5	7	8	1	4	2	9	6	3
2	1	3	7	9	6	5	4	8

6	7	1	8	2	5	4	3	9
3	9	5	1	4	7	8	2	6
2	4	8	3	6	9	7	5	1
7	6	3	9	1	8	2	4	5
9	1	4	5	3	2	6	8	7
5	8	2	4	7	6	9	1	3
4	3	9	7	8	1	5	6	2
1	2	7	6	5	4	3	9	8
8	5	6	2	9	3	1	7	4

2	7	5	9	3	1	6	8	4
4	6	3	2	8	5	9	7	1
8	1	9	4	6	7	2	5	3
1	5	4	8	2	6	3	9	7
9	8	7	5	1	3	4	2	6
3	2	6	7	9	4	8	1	5
7	9	1	3	4	2	5	6	8
6	4	8	1	5	9	7	3	2
5	3	2	6	7	8	1	4	9

4	1	5	9	6	2	3	7	8
2	7	6	8	3	4	9	5	1
9	8	3	5	1	7	6	4	2
1	6	4	7	2	5	8	9	3
8	9	2	6	4	3	7	1	5
5	3	7	1	9	8	2	6	4
6	2	9	4	8	1	5	3	7
7	4	8	3	5	6	1	2	9
3	5	1	2	7	9	4	8	6

2	6	3	9	8	5	7	4	1
1	7	5	4	6	2	3	9	8
8	9	4	7	1	3	2	6	5
7	3	9	5	2	1	6	8	4
5	2	8	6	7	4	1	3	9
6	4	1	3	9	8	5	2	7
3	1	2	8	4	7	9	5	6
9	8	7	2	5	6	4	1	3
4	5	6	1	3	9	8	7	2

9	6	2	4	8	3	1	7	5
8	7	5	2	1	6	4	9	3
3	1	4	7	5	9	8	6	2
1	8	7	9	4	5	3	2	6
6	5	3	8	2	7	9	4	1
4	2	9	3	6	1	7	5	8
5	3	6	1	9	4	2	8	7
7	4	8	5	3	2	6	1	9
2	9	1	6	7	8	5	3	4

5	7	2	4	3	6	8	9	1
8	3	4	9	2	1	7	5	6
6	9	1	8	5	7	3	2	4
2	8	9	3	1	4	5	6	7
1	6	5	2	7	9	4	3	8
3	4	7	5	6	8	9	1	2
7	2	8	1	9	5	6	4	3
9	1	6	7	4	3	2	8	5
4	5	3	6	8	2	1	7	9

9	4	6	2	7	8	3	1	5
8	7	1	3	5	9	6	4	2
3	5	2	6	4	1	8	7	9
5	1	3	8	9	6	7	2	4
2	6	4	7	3	5	9	8	1
7	8	9	1	2	4	5	6	3
1	2	8	9	6	3	4	5	7
6	9	5	4	1	7	2	3	8
4	3	7	5	8	2	1	9	6

5	3	7	9	4	2	6	8	1
4	8	1	6	5	7	9	3	2
2	9	6	8	1	3	5	4	7
9	4	3	1	6	5	7	2	8
7	5	8	3	2	4	1	6	9
6	1	2	7	8	9	4	5	3
8	7	9	5	3	6	2	1	4
1	2	5	4	9	8	3	7	6
3	6	4	2	7	1	8	9	5

1	7	6	8	2	9	5	3	4
8	3	5	4	7	6	1	9	2
2	9	4	1	3	5	7	6	8
7	4	8	6	1	3	9	2	5
9	1	3	5	4	2	8	7	6
5	6	2	7	9	8	3	4	1
6	5	9	3	8	4	2	1	7
3	8	1	2	6	7	4	5	9
4	2	7	9	5	1	6	8	3

4	8	3	1	9	5	6	2	7
9	6	7	3	8	2	5	4	1
5	1	2	7	6	4	9	3	8
8	7	4	9	1	3	2	5	6
2	5	6	8	4	7	1	9	3
3	9	1	2	5	6	8	7	4
7	4	5	6	2	8	3	1	9
1	3	8	5	7	9	4	6	2
6	2	9	4	3	1	7	8	5

8	1	4	9	5	3	2	6	7
7	3	5	8	2	6	1	4	9
6	9	2	4	7	1	5	8	3
1	5	6	7	9	4	8	3	2
3	7	9	6	8	2	4	1	5
4	2	8	3	1	5	9	7	6
2	4	7	5	3	8	6	9	1
5	8	3	1	6	9	7	2	4
9	6	1	2	4	7	3	5	8

1	7	5	8	4	2	3	9	6
8	4	9	3	6	7	1	2	5
6	2	3	1	9	5	8	7	4
2	3	4	5	8	1	7	6	9
5	6	7	9	3	4	2	8	1
9	8	1	2	7	6	5	4	3
7	9	2	6	5	3	4	1	8
4	5	6	7	1	8	9	3	2
3	1	8	4	2	9	6	5	7

5	1	9	4	6	2	3	8	7
6	3	2	8	1	7	4	5	9
4	8	7	5	9	3	2	6	1
7	4	1	6	3	9	8	2	5
8	9	6	2	5	1	7	4	3
2	5	3	7	4	8	1	9	6
1	6	5	3	2	4	9	7	8
3	7	4	9	8	5	6	1	2
9	2	8	1	7	6	5	3	4

8	1	9	3	7	5	4	2	6
7	3	5	6	4	2	8	9	1
4	2	6	8	1	9	7	5	3
6	8	4	5	3	7	9	1	2
9	5	3	4	2	1	6	7	8
2	7	1	9	8	6	5	3	4
5	4	7	1	6	3	2	8	9
1	9	8	2	5	4	3	6	7
3	6	2	7	9	8	1	4	5

5	9	4	7	1	6	3	2	8
1	6	2	3	9	8	5	7	4
3	7	8	2	5	4	1	9	6
8	3	1	9	4	5	7	6	2
6	4	7	1	2	3	8	5	9
2	5	9	8	6	7	4	3	1
4	8	3	6	7	2	9	1	5
7	1	6	5	8	9	2	4	3
9	2	5	4	3	1	6	8	7

7	6	1	2	8	5	9	3	4
5	3	2	9	4	7	1	8	6
9	4	8	3	6	1	7	5	2
4	9	7	6	2	8	5	1	3
8	5	3	7	1	4	2	6	9
1	2	6	5	9	3	4	7	8
3	1	4	8	7	9	6	2	5
6	8	9	1	5	2	3	4	7
2	7	5	4	3	6	8	9	1

1	8	2	5	6	4	3	7	9
6	3	9	2	8	7	1	5	4
4	7	5	1	9	3	2	6	8
7	1	8	3	5	2	9	4	6
9	4	3	8	7	6	5	1	2
5	2	6	9	4	1	7	8	3
8	5	7	6	3	9	4	2	1
3	6	1	4	2	5	8	9	7
2	9	4	7	1	8	6	3	5

4	3	2	9	8	7	1	6	5
6	5	7	4	3	1	8	9	2
8	9	1	6	5	2	4	7	3
5	7	4	8	9	3	2	1	6
9	1	3	5	2	6	7	4	8
2	8	6	1	7	4	5	3	9
1	2	8	3	4	9	6	5	7
3	4	5	7	6	8	9	2	1
7	6	9	2	1	5	3	8	4

4	5	1	3	2	8	7	9	6
3	7	6	5	1	9	4	8	2
2	9	8	7	4	6	3	5	1
8	3	9	1	7	4	6	2	5
7	1	2	9	6	5	8	4	3
6	4	5	8	3	2	9	1	7
5	8	7	6	9	1	2	3	4
9	6	4	2	5	3	1	7	8
1	2	3	4	8	7	5	6	9

6	4	2	5	1	9	3	7	8
7	9	8	6	2	3	1	4	5
3	1	5	4	8	7	6	2	9
4	6	3	8	5	2	7	9	1
2	8	7	9	4	1	5	3	6
1	5	9	3	7	6	4	8	2
5	3	4	1	9	8	2	6	7
8	2	1	7	6	4	9	5	3
9	7	6	2	3	5	8	1	4

3	1	5	4	2	9	8	6	7
2	4	9	7	6	8	1	3	5
7	8	6	5	3	1	9	4	2
8	2	4	9	5	7	3	1	6
1	5	7	6	4	3	2	9	8
9	6	3	8	1	2	7	5	4
5	7	8	1	9	4	6	2	3
6	3	1	2	7	5	4	8	9
4	9	2	3	8	6	5	7	1

6	8	3	9	5	2	4	1	7
2	9	1	4	8	7	5	3	6
4	7	5	3	1	6	9	8	2
1	6	7	2	9	4	8	5	3
3	5	4	1	6	8	7	2	9
9	2	8	5	7	3	6	4	1
8	3	6	7	2	5	1	9	4
5	1	2	6	4	9	3	7	8
7	4	9	8	3	1	2	6	5

9	2	3	4	8	5	7	1	6
7	5	6	1	2	9	8	4	3
1	8	4	3	7	6	9	5	2
3	1	8	2	4	7	6	9	5
4	7	9	6	5	1	2	3	8
5	6	2	9	3	8	4	7	1
8	9	7	5	6	3	1	2	4
6	4	5	7	1	2	3	8	9
2	3	1	8	9	4	5	6	7

4	9	1	7	8	5	6	2	3
5	3	6	9	2	1	4	7	8
7	8	2	6	3	4	1	9	5
3	6	8	1	4	9	7	5	2
2	1	7	8	5	6	9	3	4
9	4	5	2	7	3	8	1	6
1	2	9	5	6	8	3	4	7
8	5	4	3	1	7	2	6	9
6	7	3	4	9	2	5	8	1

5	7	9	4	3	6	2	8	1
6	1	4	5	2	8	9	3	7
8	2	3	9	1	7	6	4	5
9	3	6	2	8	5	7	1	4
4	5	1	6	7	9	8	2	3
2	8	7	1	4	3	5	6	9
7	6	8	3	9	1	4	5	2
3	4	5	7	6	2	1	9	8
1	9	2	8	5	4	3	7	6

170

7	4	9	8	3	2	6	1	5
6	2	8	1	4	5	3	7	9
5	3	1	6	7	9	8	4	2
1	9	3	7	2	6	5	8	4
2	8	5	3	1	4	9	6	7
4	7	6	9	5	8	2	3	1
8	1	7	2	9	3	4	5	6
9	6	4	5	8	1	7	2	3
3	5	2	4	6	7	1	9	8

8	3	4	5	2	6	7	9	1
7	2	1	3	9	4	6	5	8
6	5	9	8	7	1	3	2	4
2	4	7	1	5	3	8	6	9
9	1	3	2	6	8	5	4	7
5	6	8	9	4	7	1	3	2
4	7	5	6	8	2	9	1	3
1	9	2	7	3	5	4	8	6
3	8	6	4	1	9	2	7	5

9	8	5	1	3	2	6	7	4
4	7	3	5	6	8	2	9	1
6	2	1	9	4	7	5	3	8
3	4	6	7	5	1	9	8	2
5	9	8	4	2	6	3	1	7
7	1	2	3	8	9	4	6	5
2	3	9	8	1	5	7	4	6
1	5	4	6	7	3	8	2	9
8	6	7	2	9	4	1	5	3

5	9	1	2	3	7	4	8	6
4	3	8	5	9	6	1	2	7
7	2	6	8	1	4	3	9	5
9	4	5	7	2	3	8	6	1
1	6	7	9	5	8	2	3	4
2	8	3	6	4	1	5	7	9
6	5	4	3	8	9	7	1	2
3	1	9	4	7	2	6	5	8
8	7	2	1	6	5	9	4	3

4	7	8	6	5	1	2	3	9
2	9	1	8	3	7	5	6	4
5	6	3	2	4	9	7	8	1
8	2	4	7	9	5	6	1	3
6	1	5	4	2	3	9	7	8
7	3	9	1	6	8	4	2	5
3	4	7	5	1	2	8	9	6
9	8	6	3	7	4	1	5	2
1	5	2	9	8	6	3	4	7

3	8	5	9	1	2	6	7	4
7	4	1	8	5	6	3	2	9
2	9	6	4	3	7	5	1	8
1	5	9	6	2	4	8	3	7
4	3	7	5	8	1	9	6	2
6	2	8	7	9	3	1	4	5
5	7	2	3	6	8	4	9	1
9	1	3	2	4	5	7	8	6
8	6	4	1	7	9	2	5	3

1	8	5	9	3	2	4	6	7
7	9	2	6	4	5	8	3	1
4	3	6	8	7	1	9	2	5
8	5	9	1	6	4	3	7	2
2	1	7	3	9	8	5	4	6
3	6	4	5	2	7	1	8	9
9	4	8	7	1	6	2	5	3
6	2	3	4	5	9	7	1	8
5	7	1	2	8	3	6	9	4

6	3	9	7	1	4	2	8	5
4	5	8	2	6	3	1	7	9
2	1	7	5	9	8	3	6	4
1	2	6	9	5	7	8	4	3
7	9	4	8	3	1	6	5	2
5	8	3	6	4	2	9	1	7
3	6	1	4	7	9	5	2	8
8	7	5	3	2	6	4	9	1
9	4	2	1	8	5	7	3	6

7	1	2	4	8	9	3	5	6
4	6	9	3	7	5	8	1	2
3	8	5	2	6	1	9	4	7
9	7	1	5	4	8	2	6	3
5	4	6	9	2	3	1	7	8
8	2	3	7	1	6	5	9	4
2	9	8	6	5	4	7	3	1
1	3	4	8	9	7	6	2	5
6	5	7	1	3	2	4	8	9

8	1	7	2	5	3	9	4	6
6	3	5	9	4	7	8	1	2
4	2	9	8	1	6	7	5	3
7	9	6	4	8	1	2	3	5
2	8	1	3	6	5	4	7	9
5	4	3	7	9	2	6	8	1
9	6	4	5	3	8	1	2	7
1	5	2	6	7	4	3	9	8
3	7	8	1	2	9	5	6	4

8	2	3	7	5	9	4	6	1
6	7	1	8	2	4	9	5	3
5	4	9	6	3	1	2	8	7
3	1	7	5	9	8	6	4	2
4	5	8	2	6	7	1	3	9
2	9	6	1	4	3	8	7	5
7	3	4	9	1	6	5	2	8
1	6	2	3	8	5	7	9	4
9	8	5	4	7	2	3	1	6

1	5	9	2	8	6	3	7	4
3	2	7	9	5	4	8	1	6
6	4	8	1	7	3	9	2	5
5	1	2	7	6	9	4	8	3
7	6	3	5	4	8	2	9	1
8	9	4	3	2	1	6	5	7
2	3	1	6	9	5	7	4	8
9	8	5	4	3	7	1	6	2
4	7	6	8	1	2	5	3	9

1	2	9	8	5	6	3	7	4
4	7	5	2	3	9	8	6	1
8	6	3	7	1	4	5	9	2
5	8	2	3	7	1	9	4	6
7	1	4	6	9	8	2	5	3
9	3	6	4	2	5	1	8	7
6	9	1	5	4	3	7	2	8
3	4	7	9	8	2	6	1	5
2	5	8	1	6	7	4	3	9

9	2	7	5	3	6	4	8	1
8	4	3	1	7	2	6	5	9
5	6	1	8	4	9	7	2	3
1	8	4	2	5	7	9	3	6
2	9	6	3	1	4	5	7	8
3	7	5	9	6	8	2	1	4
6	5	8	7	9	3	1	4	2
4	1	2	6	8	5	3	9	7
7	3	9	4	2	1	8	6	5

9	4	7	1	5	8	6	2	3
6	3	5	2	9	4	1	7	8
8	1	2	6	7	3	9	4	5
4	8	1	3	2	9	7	5	6
5	2	6	8	1	7	3	9	4
7	9	3	5	4	6	8	1	2
3	5	4	7	8	1	2	6	9
2	7	8	9	6	5	4	3	1
1	6	9	4	3	2	5	8	7

6	9	3	2	8	1	4	7	5
8	1	2	7	4	5	3	6	9
5	4	7	3	6	9	2	8	1
2	8	4	5	9	6	1	3	7
9	3	1	4	7	8	5	2	6
7	6	5	1	2	3	8	9	4
4	2	6	8	5	7	9	1	3
1	7	8	9	3	4	6	5	2
3	5	9	6	1	2	7	4	8

3	4	9	5	6	1	8	2	7
7	5	8	2	3	4	6	1	9
6	2	1	7	8	9	4	5	3
5	9	3	6	4	8	2	7	1
8	6	7	3	1	2	5	9	4
4	1	2	9	5	7	3	6	8
9	8	5	4	7	6	1	3	2
1	7	6	8	2	3	9	4	5
2	3	4	1	9	5	7	8	6

2	9	3	8	5	7	6	4	1
7	8	1	4	6	2	3	9	5
6	5	4	9	1	3	2	7	8
5	1	2	3	4	9	8	6	7
4	3	9	7	8	6	1	5	2
8	6	7	5	2	1	9	3	4
3	4	5	2	9	8	7	1	6
1	7	8	6	3	4	5	2	9
9	2	6	1	7	5	4	8	3

1	4	8	6	7	3	5	2	9
3	7	5	2	4	9	1	8	6
6	9	2	5	8	1	7	4	3
9	1	7	4	5	8	3	6	2
2	8	6	1	3	7	9	5	4
5	3	4	9	6	2	8	7	1
4	2	3	8	1	5	6	9	7
7	5	9	3	2	6	4	1	8
8	6	1	7	9	4	2	3	5

4	1	5	2	7	3	9	6	8
7	6	9	1	5	8	4	3	2
2	3	8	9	4	6	7	1	5
8	5	4	6	3	9	1	2	7
1	9	7	4	2	5	3	8	6
3	2	6	7	8	1	5	4	9
5	8	2	3	1	7	6	9	4
6	7	1	8	9	4	2	5	3
9	4	3	5	6	2	8	7	1

3	4	6	8	5	7	2	9	1
7	2	5	9	1	4	8	6	3
1	9	8	6	2	3	4	7	5
2	8	7	3	4	1	6	5	9
4	5	9	7	6	2	1	3	8
6	1	3	5	8	9	7	2	4
9	3	2	4	7	8	5	1	6
5	7	4	1	9	6	3	8	2
8	6	1	2	3	5	9	4	7

8	9	5	3	4	7	6	2	1
7	2	6	8	1	5	4	3	9
4	3	1	2	9	6	7	5	8
1	7	8	4	2	3	5	9	6
5	6	2	1	7	9	3	8	4
3	4	9	6	5	8	2	1	7
2	8	4	7	3	1	9	6	5
6	5	3	9	8	4	1	7	2
9	1	7	5	6	2	8	4	3

7	3	4	2	6	5	8	9	1
9	2	8	3	1	7	5	4	6
1	6	5	8	4	9	2	7	3
4	9	2	7	3	1	6	8	5
5	1	3	4	8	6	7	2	9
6	8	7	9	5	2	1	3	4
2	4	6	5	9	8	3	1	7
3	7	1	6	2	4	9	5	8
8	5	9	1	7	3	4	6	2

5	3	4	8	7	2	1	6	9
6	8	9	1	3	4	2	5	7
1	2	7	6	9	5	8	4	3
7	5	6	3	8	1	9	2	4
9	1	3	4	2	6	5	7	8
8	4	2	7	5	9	3	1	6
3	6	8	2	1	7	4	9	5
2	7	5	9	4	8	6	3	1
4	9	1	5	6	3	7	8	2

6	9	2	7	4	3	8	5	1
5	1	7	6	9	8	2	3	4
4	3	8	1	2	5	9	7	6
8	5	4	9	6	7	1	2	3
2	6	9	4	3	1	5	8	7
1	7	3	8	5	2	4	6	9
7	4	6	2	8	9	3	1	5
3	2	1	5	7	4	6	9	8
9	8	5	3	1	6	7	4	2

9	2	6	3	8	1	5	7	4
5	4	3	6	7	9	2	8	1
7	1	8	4	2	5	6	3	9
1	5	7	9	6	2	3	4	8
8	6	9	7	4	3	1	2	5
4	3	2	1	5	8	9	6	7
3	7	4	5	1	6	8	9	2
2	9	1	8	3	4	7	5	6
6	8	5	2	9	7	4	1	3

8	9	7	1	3	4	6	2	5
5	4	6	7	2	8	1	9	3
3	1	2	9	5	6	8	4	7
6	7	3	4	1	2	5	8	9
9	5	4	3	8	7	2	1	6
1	2	8	5	6	9	3	7	4
7	6	1	8	9	3	4	5	2
2	8	9	6	4	5	7	3	1
4	3	5	2	7	1	9	6	8

8	2	4	1	5	6	7	9	3
1	3	6	9	7	2	8	4	5
9	5	7	4	3	8	2	1	6
2	4	3	8	6	5	9	7	1
5	8	9	3	1	7	4	6	2
7	6	1	2	9	4	5	3	8
3	1	5	7	2	9	6	8	4
6	9	8	5	4	3	1	2	7
4	7	2	6	8	1	3	5	9

1	2	3	5	4	9	8	6	7
5	7	9	6	3	8	4	2	1
4	6	8	1	2	7	3	5	9
6	1	7	4	9	5	2	3	8
8	3	5	2	6	1	7	9	4
9	4	2	8	7	3	6	1	5
3	5	6	9	8	4	1	7	2
7	8	1	3	5	2	9	4	6
2	9	4	7	1	6	5	8	3

2	3	9	5	1	8	6	7	4
4	8	7	3	6	2	1	5	9
1	6	5	7	9	4	2	3	8
9	4	6	1	2	7	3	8	5
8	7	1	9	5	3	4	2	6
3	5	2	4	8	6	7	9	1
5	9	3	6	7	1	8	4	2
7	1	8	2	4	5	9	6	3
6	2	4	8	3	9	5	1	7

8	7	4	5	2	9	6	1	3
2	9	5	1	3	6	4	7	8
6	1	3	7	8	4	9	2	5
7	6	8	2	4	1	5	3	9
5	4	1	3	9	7	8	6	2
3	2	9	6	5	8	1	4	7
1	8	6	9	7	3	2	5	4
9	5	7	4	1	2	3	8	6
4	3	2	8	6	5	7	9	1

7	1	3	8	5	9	6	4	2
9	6	5	7	2	4	8	1	3
2	8	4	6	1	3	7	5	9
5	7	2	9	4	6	3	8	1
4	3	6	1	7	8	2	9	5
1	9	8	5	3	2	4	6	7
3	2	9	4	6	5	1	7	8
8	4	1	2	9	7	5	3	6
6	5	7	3	8	1	9	2	4

9	4	8	7	2	3	5	1	6
1	5	6	9	8	4	3	7	2
7	2	3	1	5	6	9	8	4
2	9	4	8	1	5	7	6	3
3	1	5	6	9	7	4	2	8
6	8	7	3	4	2	1	5	9
5	3	1	2	6	9	8	4	7
8	6	9	4	7	1	2	3	5
4	7	2	5	3	8	6	9	1

3	9	4	8	6	5	7	1	2
1	2	5	4	3	7	8	9	6
8	7	6	9	2	1	5	3	4
4	1	2	5	8	9	6	7	3
6	5	9	2	7	3	4	8	1
7	8	3	1	4	6	9	2	5
5	3	7	6	1	8	2	4	9
2	6	1	7	9	4	3	5	8
9	4	8	3	5	2	1	6	7

1	2	4	8	7	6	3	5	9
9	5	7	1	3	2	8	4	6
8	3	6	4	9	5	2	7	1
5	4	1	9	8	3	6	2	7
7	8	9	6	2	1	5	3	4
3	6	2	7	5	4	9	1	8
6	7	5	3	4	9	1	8	2
2	1	8	5	6	7	4	9	3
4	9	3	2	1	8	7	6	5

5	1	7	9	3	8	6	4	2
4	2	9	6	7	5	8	1	3
8	3	6	2	1	4	7	9	5
6	5	3	1	8	9	4	2	7
1	7	2	5	4	3	9	8	6
9	8	4	7	2	6	3	5	1
7	4	8	3	5	2	1	6	9
3	9	5	8	6	1	2	7	4
2	6	1	4	9	7	5	3	8

3	6	2	4	9	5	8	1	7
8	4	5	7	6	1	3	9	2
9	7	1	8	3	2	4	6	5
2	9	7	1	5	8	6	4	3
6	1	3	9	7	4	2	5	8
4	5	8	3	2	6	1	7	9
7	2	4	6	8	9	5	3	1
1	8	9	5	4	3	7	2	6
5	3	6	2	1	7	9	8	4

3	7	1	4	6	8	5	9	2
6	4	2	5	1	9	8	3	7
9	5	8	7	3	2	1	6	4
8	9	6	2	7	5	3	4	1
5	2	7	1	4	3	9	8	6
4	1	3	9	8	6	2	7	5
7	3	4	8	5	1	6	2	9
2	8	5	6	9	4	7	1	3
1	6	9	3	2	7	4	5	8

3	4	8	7	9	6	2	5	1
9	6	5	1	4	2	7	8	3
7	2	1	8	5	3	9	6	4
8	1	2	5	6	7	3	4	9
5	3	7	4	8	9	6	1	2
4	9	6	2	3	1	8	7	5
2	5	9	6	1	8	4	3	7
1	8	3	9	7	4	5	2	6
6	7	4	3	2	5	1	9	8

1	2	6	5	3	7	4	8	9
8	4	5	2	1	9	6	3	7
3	9	7	8	6	4	5	2	1
5	3	1	4	8	6	9	7	2
2	6	9	3	7	1	8	4	5
7	8	4	9	5	2	1	6	3
9	5	8	6	2	3	7	1	4
6	1	2	7	4	5	3	9	8
4	7	3	1	9	8	2	5	6

3	9	7	2	6	1	4	8	5
2	1	8	4	3	5	6	9	7
6	5	4	8	9	7	3	2	1
5	8	1	6	4	3	2	7	9
9	6	3	1	7	2	8	5	4
7	4	2	9	5	8	1	3	6
8	2	9	5	1	4	7	6	3
1	3	5	7	8	6	9	4	2
4	7	6	3	2	9	5	1	8

8	7	4	5	3	9	6	2	1
9	2	5	6	4	1	3	7	8
6	3	1	7	8	2	9	5	4
3	8	2	1	9	7	4	6	5
5	6	7	4	2	8	1	9	3
1	4	9	3	5	6	7	8	2
4	9	3	8	7	5	2	1	6
2	5	6	9	1	4	8	3	7
7	1	8	2	6	3	5	4	9

6	7	8	4	9	2	3	5	1
4	3	5	7	8	1	9	6	2
1	2	9	5	6	3	7	4	8
2	8	7	9	1	4	5	3	6
3	5	4	6	2	8	1	7	9
9	6	1	3	7	5	8	2	4
8	1	6	2	3	7	4	9	5
7	4	2	8	5	9	6	1	3
5	9	3	1	4	6	2	8	7

1	6	4	9	2	3	7	8	5
7	2	3	8	1	5	4	6	9
9	5	8	7	6	4	1	2	3
8	7	5	1	3	6	2	9	4
2	9	1	4	5	8	3	7	6
3	4	6	2	7	9	5	1	8
6	3	7	5	8	1	9	4	2
4	8	2	3	9	7	6	5	1
5	1	9	6	4	2	8	3	7

4	1	6	8	7	2	5	3	9
7	5	9	6	3	1	2	8	4
3	8	2	5	9	4	6	7	1
6	9	8	4	2	3	7	1	5
1	2	3	7	5	9	4	6	8
5	4	7	1	6	8	3	9	2
8	7	4	3	1	5	9	2	6
2	3	5	9	8	6	1	4	7
9	6	1	2	4	7	8	5	3

6	2	9	5	8	7	1	3	4
7	3	1	2	4	9	6	8	5
4	5	8	3	6	1	2	7	9
5	6	2	4	3	8	9	1	7
9	8	7	1	5	2	3	4	6
3	1	4	7	9	6	8	5	2
1	9	6	8	7	4	5	2	3
8	4	5	9	2	3	7	6	1
2	7	3	6	1	5	4	9	8

5	4	3	9	2	1	6	7	8
7	2	8	3	6	4	9	5	1
6	9	1	5	8	7	2	4	3
8	7	5	6	3	2	1	9	4
3	1	2	7	4	9	5	8	6
9	6	4	8	1	5	3	2	7
2	8	7	1	5	3	4	6	9
4	3	6	2	9	8	7	1	5
1	5	9	4	7	6	8	3	2

1	5	3	8	4	6	2	9	7
6	7	2	1	3	9	4	8	5
9	4	8	5	2	7	6	3	1
8	6	4	9	1	5	7	2	3
3	1	9	7	8	2	5	6	4
5	2	7	4	6	3	8	1	9
2	9	6	3	7	4	1	5	8
7	3	1	2	5	8	9	4	6
4	8	5	6	9	1	3	7	2

7	6	4	9	5	3	8	1	2
2	3	9	8	1	4	5	6	7
5	1	8	6	7	2	9	3	4
8	7	6	1	3	9	2	4	5
4	2	3	5	6	8	1	7	9
1	9	5	4	2	7	6	8	3
3	5	1	2	4	6	7	9	8
9	4	2	7	8	1	3	5	6
6	8	7	3	9	5	4	2	1

2	4	3	7	1	6	9	5	8
1	6	8	5	9	4	3	2	7
5	7	9	3	2	8	4	1	6
6	3	1	4	5	9	7	8	2
8	5	2	1	7	3	6	4	9
4	9	7	8	6	2	1	3	5
3	2	4	9	8	7	5	6	1
9	8	5	6	4	1	2	7	3
7	1	6	2	3	5	8	9	4

3	2	7	6	8	9	1	4	5
9	5	8	4	1	7	3	6	2
6	4	1	2	5	3	7	8	9
1	6	5	8	4	2	9	3	7
8	7	2	9	3	5	4	1	6
4	3	9	1	7	6	5	2	8
5	9	6	3	2	4	8	7	1
7	1	4	5	6	8	2	9	3
2	8	3	7	9	1	6	5	4

9	2	7	5	1	4	6	8	3
5	8	4	3	9	6	2	7	1
1	3	6	7	2	8	5	9	4
3	4	1	2	8	9	7	6	5
2	5	9	4	6	7	3	1	8
7	6	8	1	5	3	9	4	2
6	7	2	8	4	5	1	3	9
8	9	5	6	3	1	4	2	7
4	1	3	9	7	2	8	5	6

6	5	1	9	8	2	3	4	7
4	7	9	6	5	3	1	8	2
8	3	2	1	4	7	9	5	6
3	2	4	5	9	6	8	7	1
9	6	8	7	1	4	2	3	5
7	1	5	2	3	8	4	6	9
2	8	7	3	6	9	5	1	4
1	9	3	4	7	5	6	2	8
5	4	6	8	2	1	7	9	3

6	5	8	2	4	9	3	7	1
2	3	7	1	8	6	9	5	4
9	1	4	3	7	5	2	8	6
3	2	5	7	1	4	8	6	9
8	4	6	5	9	3	1	2	7
1	7	9	8	6	2	4	3	5
4	8	1	6	3	7	5	9	2
7	9	2	4	5	8	6	1	3
5	6	3	9	2	1	7	4	8

8	1	3	6	2	5	4	7	9
5	6	4	9	7	8	3	2	1
2	9	7	4	3	1	5	6	8
4	5	6	1	9	2	8	3	7
3	8	1	7	4	6	2	9	5
7	2	9	5	8	3	1	4	6
6	7	2	8	5	4	9	1	3
9	3	5	2	1	7	6	8	4
1	4	8	3	6	9	7	5	2

4	6	9	8	1	3	5	2	7
8	7	1	2	5	6	3	9	4
2	5	3	7	9	4	1	6	8
1	8	5	9	6	2	7	4	3
3	4	2	5	7	1	6	8	9
7	9	6	4	3	8	2	5	1
5	3	7	6	4	9	8	1	2
6	2	4	1	8	7	9	3	5
9	1	8	3	2	5	4	7	6

6	7	8	4	3	2	5	1	9
9	1	2	7	5	6	8	4	3
5	3	4	8	9	1	2	7	6
7	8	5	1	4	9	3	6	2
2	9	3	6	7	8	4	5	1
4	6	1	5	2	3	9	8	7
8	2	7	3	1	4	6	9	5
3	5	6	9	8	7	1	2	4
1	4	9	2	6	5	7	3	8

5	8	6	1	7	4	9	2	3
7	2	3	5	6	9	4	8	1
1	4	9	3	2	8	6	7	5
4	9	7	6	8	1	5	3	2
6	1	2	4	3	5	7	9	8
3	5	8	7	9	2	1	6	4
2	6	5	9	1	3	8	4	7
8	7	1	2	4	6	3	5	9
9	3	4	8	5	7	2	1	6

2	9	8	1	7	5	6	3	4
6	5	4	3	9	2	7	8	1
3	1	7	4	6	8	5	9	2
9	3	2	5	1	7	8	4	6
4	6	1	8	2	3	9	7	5
7	8	5	6	4	9	2	1	3
8	4	6	7	5	1	3	2	9
1	2	3	9	8	6	4	5	7
5	7	9	2	3	4	1	6	8

7	8	1	2	6	3	9	4	5
9	6	5	4	1	7	2	8	3
2	4	3	5	8	9	6	7	1
3	5	8	9	7	4	1	2	6
4	1	2	3	5	6	8	9	7
6	9	7	8	2	1	5	3	4
8	2	4	6	3	5	7	1	9
1	3	6	7	9	8	4	5	2
5	7	9	1	4	2	3	6	8

2	4	5	8	1	3	7	6	9
7	3	8	4	9	6	5	1	2
9	6	1	5	7	2	8	4	3
1	7	3	2	5	8	4	9	6
5	2	4	3	6	9	1	8	7
6	8	9	7	4	1	2	3	5
4	1	2	6	3	7	9	5	8
8	9	6	1	2	5	3	7	4
3	5	7	9	8	4	6	2	1